Kate Stere

RÉSONANCE ET SYNCHRONICITE
La loi d'Attraction à l'épreuve des faits

Guide pratique de développement personnel

Table des matières

AVANT-PROPOS

J'ai découvert le concept de la «Loi d'Attraction» il y a maintenant vingt-cinq ans, en tombant «par hasard» sur un ouvrage de Joseph Murphy.

Par la suite, j'ai entrepris toutes les recherches possibles et imaginables sur le sujet, popularisé depuis peu si l'on se réfère à l'histoire humaine, mais qui n'est en fait pas nouveau.

Abordé par de nombreux auteurs, sous des présentations et conceptions diverses quant à sa nature et à ses origines, le thème de la Loi d'Attraction a de quoi déstabiliser : science, religion, ou révélation d'entités non-incarnées, voire extraterrestres...

Qui a raison ?

Ajoutez à ceci que le concept semble tomber du ciel à un moment où l'histoire humaine et sociale est en total bouleversement, où les populations de nos sociétés commerciales contraintes au «tout, très vite, et très bien» (que ce soit du reste en matière de production que de consommation !), évoluent dans une vague de stress chronique, marquée par une évidente quête de sens...

Une soif de spiritualité se ressent d'une façon générale, mais aussi, et c'est ici que la prudence s'impose, le goût du spectaculaire véhiculé et entretenu par le cinéma, la littérature actuels pour ne citer qu'eux.

Emmurés dans des routines harassantes, les rêves et aspirations profondes étouffées dans l'œuf, nous cherchons la faille qui nous ouvrira la voie de l'évasion, l'espoir qui nous manque dans une société marquée par la peur, l'insécurité, le stress.
Il est par conséquent évident que cet environnement crée de lui-même le berceau du commerce mystico-sensationnel, dans lequel il est nécessaire d'évoluer avec prudence.

Il ne s'agit pas ici de jeter le bébé avec l'eau du bain, mais de recadrer les informations concernant la Loi d'Attraction, afin d'éviter les désillusions pouvant être lourdes de conséquences. Je me devais d'aborder ce sujet, car comme nous le verrons, l'expérience confirme les faits. Par ailleurs, bien comprise, cette «loi» est un atout et un encouragement pour ceux qui ont un rêve, un objectif de vie, ou tout simplement qui aspirent au changement : se (re)trouver, trouver sa voie et son équilibre. Il est essentiel de distinguer ce qui relève des lois de la nature et de l'information de la véritable spiritualité.

En parcourant tout ce qui se dit et s'écrit sur internet à ce sujet, je vous avoue mon désappointement de constater la façon dont ces faits sont exposés... «Demandez à l'Univers», «Demandez à la Source» (source de quoi ?? vous le précise t'on clairement?), et même par ailleurs «Ne demandez pas, commandez!». Tous ceux qui semblent avoir encore un peu de croyance répugnent à utiliser le mot «Dieu» : pourquoi?

Dans un monde devenu sans tabous, ou presque, «Dieu» serait-il le seul mot interdit ? Cet univers complexe, régi par des lois physiques intelligemment calculées pour en maintenir l'homéostasie depuis des millénaires : il faut bien que «quelqu'un» l'ait créé.

*Toutes les inventions de l'homme découlent du reste de l'observation de la Nature et de ses lois. Et si vous prenez le temps de faire silence en vous, de poser un vrai regard sur le magnifique environnement dans lequel vous évoluez, vous vous apercevrez d'une chose : L'intelligence qui a créé l'Univers a tout produit **avec abondance et diversité** : sur des milliards d'êtres humains, aucun ne ressemble totalement à un autre.*

La diversité des races, des cultures, des paysages est un merveilleux sujet de découvertes et d'enrichissement, quant aux arbres, aux fleurs, aux fruits, aux animaux : ils sont le reflet même de cette abondance.

Mais observez cependant! Tous différents qu'ils sont, les gens naissent, meurent, rient et pleurent, leur sang a la même couleur, tous respirent, tous ont un cœur qui bat, tous aspirent à aimer et être aimés, tous ont des rêves, des peurs, des attentes et des espoirs...

Les végétaux suivent tous le rythme des saisons, celui du jour, et les animaux, comme les humains, se regroupent, naissent, meurent, cherchent le bien-être et fuient le danger... Les lois scientifiques et universelles sont les mêmes pour tous!

Par ailleurs, vous réaliserez aussi que tout est ordonné dans le sens de la croissance, de l'épanouissement : Diversité dans l'unité. Oui mais...quelle unité? Posez-vous les bonnes questions, remettez en cause les idées préconçues, les clichés, ayez l'esprit critique sur ce que l'on vous dit, et vous trouverez sans doute le chemin.

Croître et s'épanouir a-t-il pour vous le sens de faire mieux que les autres, de vous placer au-dessus, de jouir d'une façon désordonnée des biens de cette terre, confondant définitivement bonheur avec plaisir immédiat? Ou bien ces mots évoquent-ils pour vous tout un processus qui inclut également de croître en noblesse, générosité, beauté d'âme, afin de révéler votre richesse véritable ?

Je crois que le développement personnel n'est pas une fin en soi, mais un moyen, une sorte d'amorçage d'un processus que vous serez sans doute amené à poursuivre si vous en avez compris l'enjeu...

L'apprentissage fonctionne ainsi : une fois assimilé et intégré un niveau, vous passez au niveau supérieur. Il en va de même de la croissance de tout un chacun : si vous savez observer la Nature, tout vous le confirmera. Le plus beau, le plus complexe de l'ouvrage est toujours le sommet.

Dans un monde centré sur la peur, le stress, l'ivresse consommatrice des plaisirs immédiats, le mouvement général, si vous regardez attentivement, va à l'encontre même des lois universelles observables depuis la nuit des temps, **de l'ordre garant d'harmonie, de l'effort constructif générateur de développement.**

Demandez à un sportif, par exemple, si le corps humain a été conçu pour s'atrophier dans la facilité, les plaisirs fugaces, si la force vous vient de l'immobilité et de la stagnation! Ou encore à un neuroscientifique si la mémoire se développe et s'entretient à force de l'utiliser le moins possible!

Comment développe-t-on ses capacités physiques, mentales, ses dons et talents ? **La réponse est simple : par l'effort, l'exercice, le travail.**

L'eau vive est celle qui court ! L'eau qui stagne aura tôt fait de pourrir. Le psychisme humain est un outil formidable, et s'il fonctionne en accord avec l'âme (valeurs profondes de l'être), bien utilisé, il vous conduira jusqu'au sommet : *votre* sommet.

Si certaines fonctions de votre être, pour des besoins de «commodité», doivent fonctionner comme des automatismes, afin de permettre à votre cerveau de se focaliser sur la réflexion, l'apprentissage, l'observation, vos valeurs, vos projets, votre vie sociale et spirituelle, **vous n'avez jamais été créés pour devenir des robots évoluant dans une société axée sur le pouvoir et l'argent, qui vous dicte à quoi vous devez ressembler, ce que vous devez absolument consommer, jusqu'à comment vous devez penser, ce que vous devez croire !**

Travailler pour payer ses factures, consommer au-dessus de ses moyens parce qu'il faut absolument posséder le dernier iPhone, la voiture à la mode, porter un sac «de chez untel», manger Japonais parce que «ça fait bien», avoir un amant ou une maîtresse parce que la fidélité est dépassée, qu'il faut consommer du sexe comme tout autre produit de plaisir immédiat...

Même nos enfants n'échappent plus aux placards publicitaires de la pornographie sur les sites internet! Ainsi, c'est de cette façon que nos enfants apprennent l'amour.?? Est-ce cela que devient l'être humain.? Par contre, interdiction formelle de prononcer le mot Dieu, pour désigner l'Intelligence supérieure qui a créé l'univers! Mais paradoxalement, on rejette le nom tout en gardant l'idée : simplement, on a remplacé «Dieu» par «l'Univers» ou «La source».

L'intérêt dans tout ça.?

C'est très simple : dans l'inconscient collectif, le mot Dieu est lié à une série d'obligations morales, découlant de l'Amour, du respect et du bon usage du libre arbitre, difficilement compatibles avec une société qui se veut de plus en plus libérée.

Une personne de ma connaissance, scientifique et philosophe, m'a dit un jour : «Je ne sais pas si l'homme descend du singe, mais une chose est certaine : il s'en rapproche de plus en plus!» Et puis, une Intelligence Créatrice ayant édifié des lois visant à promouvoir la consommation, cela se vend bien!

Je me demande, avec cet autre grand Monsieur qu'est Pierre Rabhi :

«Quelle planète laisserons-nous à nos enfants?
Et quels enfants laisserons-nous à cette planète?»

Le mal être est général, je ne vous apprends rien : mais une chose est certaine, parler ne nous mènera pas à grand-chose!

Une prise de conscience de sa responsabilité personnelle s'impose.

C'est en commençant par sortir du mode «robot» pour réintégrer le mode «humain», en cessant de croire à la fatalité de notre existence présente, en prenant en main les incroyables facultés dont le créateur nous a dotés que nous le redeviendrons. Chacun de nous est unique, et chacun de nous a sa place ici, car rien n'a été laissé au hasard : personne n'est ici par accident!

Mais si vous vous sentez violette, ne cherchez pas à être un lys ! Ou à jalouser les roses! La violette est peut-être toute petite parmi la mousse qui borde les chemins, mais son parfum est inimitable, au point qu'elle est prisée par les plus grands créateurs de parfum, les pâtissiers du monde entier!

Avez-vous déjà observé la perfection de cette autre fleur minuscule, dont la tige doit mesurer tout au plus 1.5 centimètres, et que l'on aperçoit qu'en regardant le sol? Il faut parfois baisser les yeux pour apercevoir le plus beau! Car Dieu (mais oui, j'ose le dire ! Pourquoi pas ?) a pris soin de tout, et mis en la moindre et la plus insignifiante des choses toute sa science et sa créativité artistique!

Quittez un moment les écrans, qui véhiculent un monde créé sur mesure dans un objectif bien ciblé de globalisation, et prenez le temps

11

d'observer la Nature : elle vous enseignera beaucoup! Elle vous rappellera aussi que chacun de vous est unique et précieux, que l'univers est avant tout Beauté, Amour et Harmonie, mais que pour atteindre ces valeurs, scientifiquement, il faut respecter l'ordre de fonctionnement de toutes ces lois qui maintiennent l'équilibre et la vie.

Tout nous a été donné pour notre bien-être et notre croissance : à chacun de nous d'en prendre possession pour «pousser vers le haut.»

J'ai certes ma philosophie de la vie, apprise au prix de grandes souffrances : «Ce qui ne nous détruit pas nous rend plus fort», mais chacun doit faire son propre chemin et trouver les réponses.

Un accompagnateur en développement personnel ne devrait jamais franchir le pas de devenir un gourou spirituel, comme je ne le vois hélas que trop souvent dans cette mouvance.
C'est pour cela que j'ai tenu à faire cette mise au point avant d'aborder ce guide, consacré à cette loi de la providence que beaucoup utilisent à des fins détournées de vous inculquer un enseignement spirituel, quand ce n'est pas purement et simplement abuser de votre mal-être et de votre soif de bonheur à des fins commerciales.

Pour en venir à la Loi d'Attraction : l'expérience, c'est un fait, valide la théorie.

Sitôt que vous décidez de prendre un engagement envers vous-même, envers la vie, de vous diriger vers un objectif à la condition qu'il soit noble et ne nuise à personne, ne soit pas axé sur une recherche de supériorité sur les autres mais sur une véritable croissance personnelle, vous ferez l'étrange constat que les circonstances, les évènements se mettent à vous ouvrir le chemin, tandis que votre cerveau, conçu pour programmer votre but en mode prioritaire, mobilise toutes vos fonctions vers la réalisation de votre objectif!

Incroyable non?
C'est pourtant la réalité!

Réaliser vos buts, quoiqu'essentiel, n'est que le début d'un chemin de développement, qui, si votre esprit est ouvert, critique, si vous savez écouter le conseil de votre être profond qui vous tire toujours vers le haut, vous conduira à réaliser la meilleure version de vous-même.

«Soyez vous-même le changement que vous voudriez voir dans le monde» (Gandhi)

*Et puissiez-vous dire avec le Colibri *: «Je fais ma part!»*

---

*légende amérindienne, racontée par Pierre Rabhi,

Un jour, dit la légende, il y eut un immense incendie de forêt. Tous les animaux terrifiés, atterrés, observaient impuissants le désastre. Seul le petit colibri s'activait, allant chercher quelques gouttes avec son bec pour les jeter sur le feu. Après un moment, le tatou, agacé par cette agitation dérisoire, lui dit : "Colibri ! Tu n'es pas fou ? Ce n'est pas avec ces gouttes d'eau que tu vas éteindre le feu !"

Et le colibri lui répondit : "Je le sais, mais je fais ma part." (Source : https://www.colibris-lemouvement.org/mouvement/nos-valeurs)

Initiateur du Mouvement Colibris, reconnu expert international pour la lutte contre la désertification, Pierre Rabhi est l'un des pionniers de l'agriculture écologique en France. Depuis 1981, il transmet son savoir-faire en Afrique en cherchant à redonner leur autonomie alimentaire aux plus démunis et à sauvegarder leur patrimoine nourricier.

Auteur, philosophe et conférencier, il appelle à "l'insurrection des consciences" pour fédérer ce que l'humanité a de meilleur et cesser de faire de notre planète-paradis un enfer de souffrances et de destructions. Devant l'échec de la condition générale de l'humanité et les dommages considérables infligés à la Nature, il nous invite à sortir du mythe de la croissance indéfinie, à réaliser l'importance vitale de notre terre nourricière et à inaugurer une nouvelle éthique de vie vers une "sobriété heureuse". (Source : https://www.colibris-lemouvement.org)

INTRODUCTION

Développement personnel, Loi d'Attraction, matérialisme, spiritualité, ésotérisme : un peu d'ordre!

Qu'ils l'évoquent directement ou non, les professionnels du développement personnel et du coaching motivationnel reconnaissent pour la grande majorité les principes de la loi dite d'Attraction. Simplement, certains n'en parleront pas parce qu'il s'agit d'un fait qui fonctionne de lui-même : dès lors que l'on entreprend un processus de changement, que l'on décide de poursuivre un but en mettant tout en œuvre dans cette direction, le changement s'opère également dans notre environnement, dans le cours des événements et des circonstances. D'autres vont axer l'essentiel de leur accompagnement sur les grands principes de cette loi naturelle, lui donnant une connotation spirituelle, voire mystique.
D'autres enfin vont ajouter au constat précédent une dimension toute matérialiste, où la notion de réussite ressort comme un vieux cliché au demeurant frelaté et généralisé : luxe, satisfaction des pulsions consommatrices présentées comme une voie au bonheur, abondance présentée non comme opportunité mais comme finalité.

Dans tout cela, comment s'y retrouver ?

On retrouve des discours prônant la pratique du pardon, de la compassion, du non-jugement, qui sont des valeurs spirituelles, dans le but uniquement matériel d'«élever ses vibration» pour rendre la Loi d'Attraction plus efficace et obtenir tout ce que l'on désire.
Il est parfois question également de «développer ses pouvoirs spirituels, surnaturels», au sein d'un discours empreint d'ésotérisme issu des traditions orientales quand ce n'est pas un gigantesque syncrétisme de toutes les traditions et religions confondues, où chacun y va de *son interprétation personnelle, donc subjective.*

Par ailleurs, j'ai pu constater au fil de mes recherches l'existence d'une autre catégorie de personnes : celles qui écrivent ou enseignent au sujet de cette «loi» à partir des enseignements collectés ça et là, sans en avoir étudié **ni expérimenté** le bien fondé.

Pour faire simple, on reprend les concepts enseignés pas les deux ouvrages modernes de référence en la matière : «Le Secret» (Rhonda Byrne) et «La loi d'Attraction» (Abraham/Hicks).

L'adresse consiste ensuite dans l'art de présenter les choses : on reprend les ingrédients de la même recette, et chacun joue de son style personnel de mise en scène pour en faire une méthode miracle : «la seule efficace», et qui se vend des ponts d'or!

Selon leur vision de la loi d'attraction, on peut dire que ces personnes ont trouvé le bon moyen de la faire fonctionner pour elles : la stratégie commerciale!

Autre constat, et de taille : bon nombre des personnes qui s'instituent coach en développement personnel dans ce registre **ne maîtrisent absolument pas les fondamentaux de la psychologie ni des neurosciences :** certains vont même jusqu'à réussir le tour impressionnant de se faire percevoir comme des experts en matière de physique quantique, alors qu'ils n'ont aucune formation dans le domaine.

Ces personnes oublient que travailler avec un être humain n'est pas travailler avec un matériel quelconque : cela peut-être lourd de conséquences!

Par ailleurs, le développement personnel n'a certainement pas pour but d'encourager le matérialisme.

Encore une fois, c'est une conception erronée, trop souvent véhiculée par le marketing New Age et sa pensée dominante dans ce domaine : «l'Univers veut que vous soyez heureux, il est là pour vous donner tout ce que vous pourrez souhaiter : la fortune, la gloire, une magnifique maison, une voiture de luxe, etc...»

Mais puissiez-vous posséder tout ce que vous souhaitez matériellement, vous n'atteindrez jamais la sérénité et le bonheur possible ici-bas <u>si vous n'avez pas trouvé de sens à votre existence</u>.

Du reste, c'est même bien plutôt le constat inverse qui s'impose: les personnes avides de consommation sont la plupart du temps celles qui n'ont précisément pas trouvé d'autre moyen durable de se donner du bonheur (trop souvent restreint à la notion de plaisir immédiat). La surconsommation est aussi, comme l'addiction, une manière de combler un vide et/ou de masquer un mal-être : il est primordial en ce cas d'entamer un travail sur soi plus profond encore, et de se faire accompagner pour identifier ce message inconscient, responsable de ces comportements, ainsi que de l'auto sabotage de votre vie et de vos projets.

Le véritable développement personnel a pour objectif de vous guider, de vous apprendre à révéler et utiliser votre véritable potentiel pour la pleine expression de vous-même : vous gagnez en bien-être par la réalisation, en trouvant votre «mission de vie» (attention encore une fois aux interprétations de ces termes : nous ne parlons pas ici de mystique!) et en redonnant leur place aux aspects de votre existence qui vous sont précieux, essentiels.

La réussite elle-même est une notion relative! Chacun ne la concevra pas sous le même regard : réussir est avant tout atteindre des objectifs épanouissants dans le cadre des valeurs essentielles et individuelles propres à chacun. C'est trouver sa juste place dans le monde et la société : celle pour laquelle on se sent en parfaite adéquation, avec nos talents et notre potentiel propres, lesquels il s'agit de développer pleinement.

Réussir, c'est atteindre l'état auquel nous aspirons.
C'est aussi simple que cela.

Je déplore de voir les ouvrages traitant de la loi d'attraction rangés sous la rubrique «spiritualité». Ce mot fourre-tout sous lequel on range pêle-mêle tout et n'importe quoi, a beaucoup perdu de son sens au final.

Le mental lui-même est confondu avec l'esprit, de même que le psychisme avec l'âme.

La spiritualité ne saurait s'encombrer de matérialisme : elle relève de cette partie profonde de l'être et se préoccupe de valeurs supérieures, détachées de l'égoïsme.

Même si je pense qu'une véritable réalisation de soi ne saurait exclure cette dimension de l'être, et même qu'elle en est même le sommet, l'aboutissement, il m'est inconcevable de mélanger les genres et les compétences : en tant qu'accompagnateurs et consultants en développement personnel, il est des limites à ne pas franchir. Si, au moyen d'un accompagnement bien conduit, le client parvient à l'état désiré, il s'épanouira nécessairement, et dans la continuité de son développement, débarrassé du mal être qui était le sien avant le processus, entreprendra peut-être (et c'est souvent le cas) une recherche spirituelle. Cependant, cette quête est du domaine intime : nous nous devons de ne pas profiter du lien de confiance que nous avons établi avec le client pour le diriger en ce sens.

Nous ne sommes ni physiciens, ni guides spirituels.
Nous ne saurions baser notre accompagnement sur des présomptions, des extrapolations, mais sur des fondements avérés, scientifiques, propres à nos compétences.

Pour aller droit au but : l'expérience valide les faits en ce qui concerne la loi dite d'Attraction, que pour ma part j'appelle principe de résonance, mais comprenez bien qu'il ne s'agit pas ici d'un enseignement spirituel : il est question d'une interaction informationnelle entre votre entité totale et indivisible (corps-mental-esprit) et l'environnement.

Comme toute propriété de la nature et de l'environnement, il est bon de l'utiliser à des fins durables, qui vous feront évoluer dans votre réalisation, mais aussi dans votre position vis-à-vis du monde, d'autrui.

Ce n'est cependant pas la loi de résonnance qui doit vous conduire à la spiritualité (que tout homme recherche ne serait-ce qu'inconsciemment, puisque c'est inscrit dans sa nature même), mais un appel profond, une recherche personnelle d'informations, une suite de questionnements et de recoupements, une ouverture d'esprit, un esprit prudent et de la réflexion.

Une grande prudence s'impose vis-à-vis des multiples ouvrages traitant de ce principe, qui ne vous brossent qu'un tableau magique du processus. Cette présentation alléchante n'est que la «vitrine» d'un immense laboratoire où l'on va vous promettre ensuite de plus en plus de merveilles : acquérir des pouvoirs surnaturels, révéler votre divinité (rien que ça !!).

18

«Vous êtes Dieu», affirme la pensée New Age.

De quoi flatter votre ego en manque de signes de reconnaissance, n'est-ce pas?

Ego dont, par ailleurs, la même philosophie vous enseigne qu'il est nuisible à la réalisation du Soi, selon la pensée orientale. Utilisant également la pensée Biblique, qui nous apprend que Dieu créa l'homme à son image, on en vient à déduire par un raccourci douteux que l'homme est un dieu. (supposons donc que le criminel aussi!) Mais paradoxalement, il n'y a plus de Dieu. A sa place : un univers intelligent... et à notre service!

Autre paradoxe : si l'homme est Dieu créé à l'image de Dieu, comment expliquer que la pensée New Age croie dur comme fer à l'évolution Darwinienne selon laquelle l'homme descendrait du singe?

C'est à y perdre son latin!

Tout cela s'inscrit cependant dans une logique évidente : satisfaire tout le monde, flatter l'Ego pour mieux le manipuler dans un contexte de mondialisation, de pensée globale et unique au service de la consommation, en profitant de ce que cette même société matérialiste et ultra libéralisée en apparence a induit de désarroi dans la personne humaine en quête de sens et en manque de repères.

Les énergies existent bel et bien, mais elles ont différentes sources et par conséquent, différentes répercussions sur l'homme! *Certaines sont d'ordre naturel, d'autres émanent d'entités invisibles et manipulatrices, d'autres encore sont issues de technologies de pointe, encore méconnues du grand public, destinées à la manipulation des foules.*

Il est quasi impossible à la personne qui ne serait pas suffisamment documentée de faire la différence !!

Mon propos n'est pas de faire ici un exposé sur le sujet (il existe suffisamment de données sur la toile, et je suis persuadée que vous saurez faire vos propres recoupements parmi ce flot d'informations), mais une mise en garde. On n'attire pas les mouches avec du vinaigre, c'est bien connu.

Des pratiques «énergétiques» à visée d'évolution spirituelle et d'expériences surnaturelles ont eu de dramatiques conséquences sur le psychisme, le corps mais aussi au-delà... Les témoignages ne manquent pas pour qui voudrait se donner la peine d'explorer.

C'est pourquoi il est vital de garder les pieds sur terre (même pour ceux qui ont la tête au ciel !), et de faire part des choses. Ce n'est pas parce que l'on découvre ces lois naturelles et que les avancées de la science ont permis une ouverture pour chacun d'entre nous sur l'espoir d'une vie meilleure, plus équilibrée et en adéquation avec nos aspirations profondes qu'il faut, dans l'euphorie de la découverte, laisser s'endormir son esprit critique. Plus que jamais, il est nécessaire de le tenir en éveil et bien alerte.

La loi de Résonance ou d'Attraction est un paramètre que je prends en considération dans mon travail d'accompagnement. Mais j'estime que cette loi de fait est par trop souvent mal comprise, en raison des informations contradictoires qui circulent en masse sur ce thème. C'est pourquoi j'ai estimé utile de réserver un manuel consacré à ce sujet, m'efforçant de faire la synthèse des éléments vraiment utiles à sa compréhension et à son utilisation. Débarrasser cette loi naturelle de son auréole mystico-magique permet de n'en garder que les connaissances essentielles, afin d'en faire un véritable atout dans le cadre d'un processus de changement et de réalisation de soi.

Dans le contexte qui nous intéresse, cela ne lui enlève rien, bien au contraire!

Avant de vouloir faire de nous des êtres surhumains, certainement serait-il plus judicieux d'apprendre à redevenir pleinement humains, statut dont la civilisation industrielle et commerciale nous a grandement éloignés.

LA LOI D'ATTRACTION : MYTHE OU REALITE ?

Comme expliqué en introduction, je me bornerai scientifiquement à l'observation.

On parle beaucoup depuis ces dernières années de la fameuse «Loi d'attraction», depuis que Rhonda Byrne, productrice et réalisatrice en pénurie financière, a réalisé le coup de maître de sortir un film sur le sujet, «Le Secret», qui lui a valu, et cela se comprend, un gros succès commercial !

Dans une société en recherche de spiritualité pour compenser le robotisme et le matérialisme ambiants, et parce que, c'est certain, la spiritualité et le besoin d'ailleurs sont inscrits en l'homme, de par le fait qu'il n'est pas seulement constitué d'un corps matériel, «Le Secret» est arrivé comme une source d'eau vive.

Rhonda Byrne n'en avait certes pas inventé ni découvert le concept : William W Atkinson avait déjà évoqué cette loi de l'attraction en 1906. En 1916, Charles F Haanel, reprend ce principe dans son « Master Key System », suivi par un jeune journaliste prometteur et enthousiaste, Napoléon Hill, en 1937. Ayant fait 20 ans plus tôt la connaissance d'Andrew Carnegie, considéré comme l'homme le plus riche du monde à cette époque, et s'étant vu mandater par ce milliardaire pour percer à jour les secrets de ceux qui font fortune, Hill passera vingt années à interroger les gens qui réussissent et ceux qui échouent, afin de trouver les clés capables d'expliquer cette différence de parcours.

Tous en arrivent à la même conclusion : dès lors que l'homme s'engage fermement dans une direction, il semblerait que, mystérieusement, les circonstances concourent à lui faciliter la tâche, pour peu que le mental du sujets soit centré au maximum sur son objectif et que sa décision soit vraie, ferme et enthousiaste.

Aux Etats Unis, des gens comme Esther et Jerry Hicks (homme d'affaires et d'entreprise), ont très vite su tirer parti de ces travaux, et pour leur donner une résonance encore plus spectaculaire, ce couple a affirmé avoir obtenu ces connaissances par «*Channeling*», c'est-à-dire par communication médiumnique avec un groupe d'entités désincarnées qu'ils nommeront «*Abraham*». Bon nombre des «*enseignements*» de ce couple rejoignent directement ou indirectement, les concepts fondamentaux de la mouvance «*Nouvel Age*» (*New Age*).

Vous comprendrez donc ma prudence en abordant ce sujet, qui pourtant nécessite d'être compris.

Vous n'êtes pas obligé, cela va de soi, de croire en la réincarnation ou au concept panthéiste du Dieu «*énergie impersonnelle d'où tous les esprits vivants aujourd'hui sont issus et constituent une parcelle*», à la nécessité d'abolir votre personnalité propre en vue d'annihiler les obstacles qui vous séparent de votre union avec tout ce qui vit, de pratiquer la méditation dite «*transcendantale*», d'ouvrir vos Chakras (opérations très dangereuse au demeurant, certaines personnes ayant perdu la raison dans ces manipulations) ou que sais-je encore, pour voir fonctionner ces principes que, pour ma part, je préfère appeler plus scientifiquement «*Loi de Résonance*».

Cette «*loi*» n'a pas encore trouvé d'explication scientifique certaine à 100%

Mais sans vouloir rejoindre le camp des experts en «*mystique quantique*», je pense que l'explication la plus plausible se trouve dans les mystères du cheminement de l'information dans l'univers.

Les fondateurs du Nouvel Age n'ont rien inventé : la Bible évoquait déjà ces principes, de même que bon nombres de cultures ancestrales qui avait sur nous l'avantage de savoir observer les lois de cause à effet, encore libres qu'elles étaient de toutes nos préoccupations matérialistes. Le fait est que ces principes fonctionnent, que ce soit en positif comme en négatif, et que vous pouvez le vérifier par vous-même dans votre vie quotidienne.

Nous allons aborder le sujet de la manière la plus concrète possible, de façon à ce que vous puissiez utiliser ce fait avec profit, sans vous encombrer de «*mise en scène*», et en restant centré sur votre développement personnel.

LA LOI DE RÉSONANCE : UNE LOI SPIRITUELLE?

Au risque de décevoir les lecteurs avides de merveilleux, de surnaturel, il me paraît indispensable de faire une distinction.

En quinze ans, j'ai eu tout le loisir de lire ou écouter à peu près tout ce qui a pu être dit jusqu'à ce jour sur le sujet, et s'il est une chose que je déplore fortement, ce sont les extrapolations hâtives et/ou arrangeantes qu'une grande majorité des auteurs ont pu faire, partant d'un phénomène observable, à l'étude scientifiquement, pour en arriver à convaincre le public de croyances mystiques, mystico-scientifiques, de magie, de pseudo-religiosité.

Au départ, des personnes découvrent avec espoir qu'il est possible, dans le but d'améliorer leurs conditions de vie, de mener à bien des projets qui leurs tiennent à cœur, de guérir physiquement, psychologiquement, ou tout simplement d'améliorer leur bien-être et leur état d'esprit, devenant des personnes plus heureuses de vivre, profitant du meilleur et plus positives globalement.

*Puis graduellement, bon nombre d'entre elles se trouvent entraînées dans des séminaires particulièrement onéreux, des conférences où même lorsque l'intervenant est rigoureusement scientifique, il se laisse parfois aller à des hypothèses issues de ses convictions personnelles. Ces personnes, enthousiasmées par le processus, auront tendance à avaler la pilule avec le gâteau, c'est-à-dire à adopter **sans recul** les mêmes convictions : que ce soit par appréciation logique immédiate, parce que le raisonnement paraît se tenir, ou progressivement.*

Ainsi, elles en viennent à flirter avec la méditation transcendantale hindouiste ou bouddhiste, le yoga spirituel (sachez que le yoga n'est pas une simple gymnastique holistique, mais bien un processus d'initiation spirituelle par degrés !), la croyance en la réincarnation (la mémoire cellulaire ou l'accès accidentel à certains «tiroirs» de l'inconscient collectif pourraient, par exemple, en être un début d'exploration scientifique), l'ouverture des chakras ou la montée de la Kundalini, etc...

Elles achètent à profusion des livres, vidéos et programmes qui disent en fait tous la même chose avec un enrobage différent, des cristaux, des pendules et que sais-je encore.

Elles s'entourent d'expériences exotiques, et s'aperçoivent tôt ou tard que leur vie n'a changé qu'en surface, ou retombent de très haut, ce qui peut être lourd de conséquences pour leur santé mentale et leurs finances.

Si vous parcourez la toile avec un esprit ouvert mais prudent, vous pourrez constater que bon nombre de personnes témoignent avoir eu d'importants problèmes psychiques suite à ces pratiques, qui ne sont pas anodines.

De même, il n'est pas surprenant de lire un peu partout aujourd'hui que la loi d'Attraction est un leurre qui ne fonctionne pas : présentée comme une formule magique du style : «Passez commande à l'Univers, Visualisez, Croyez que votre but est atteint et que vous le méritez, pour être en condition de le recevoir, puis en gros, lâchez prise et attendez que le Père Noel passe», il est évident que vous n'obtiendrez pas grand résultat. Quoi que certains ingrédients soient judicieux, cette formulation est un peu simpliste.

Le mot «SPIRITUEL» est devenu un terme fourre-tout, et la confusion est vite faite entre ce qui relève du système holistique corps-psyché (que l'on appelle scientifiquement le PSI), et ce qui relève de la spiritualité, qui concerne cette partie profonde et impalpable du soi que l'on peut nommer l'Ame, en laquelle repose par exemple la volonté, l'Amour (inconditionnel), la force morale, le pardon, la compassion...

*En ce qui concerne la loi de résonance (ou d'attraction, si vous préférez ce terme), **celle-ci n'est pas une loi spirituelle mais neuroscientifique et** «psi», en ce qui concerne le rôle de l'émetteur/récepteur humain, **et physique** en ce qui concerne la circulation de l'information dans l'environnement.*

La considération de son fonctionnement au niveau de l'entité humaine fait apparaître que la programmation mentale indispensable à la mise en action consciente de ce phénomène relève de l'indissociabilité corps/mental, et tant que l'homme est esprit dans un corps, il ne peut en être dissocié.

Là où l'esprit, ou âme, entre en jeu, c'est en ce qui concerne le libre arbitre, le libre choix moral des raisons d'utiliser ces lois de la Nature :

-Simple caprice (l'âme est alors soumise aux pulsions du système corps/psyché),
-Recherche naturelle du bonheur ou du bien-être,
-Valeurs supérieures (détachement et don de soi, bien d'autrui primordial, valeurs morales ou religieuses) : c'est le corps/psyché cette fois qui est assujetti à la volonté d'un niveau supérieur de l'âme (ou Esprit), et dans ce cas seulement, on peut parler d'intervention de la spiritualité propre.

Si quelqu'un vous affirme que l'on peut utiliser la spiritualité (lois du pardon, bonté, amour, don de soi etc...) dans le but d'obtenir du fonctionnement de la loi de résonance une grosse somme d'argent, une nouvelle voiture, un manteau de fourrure, un voyage aux Bahamas, la célébrité, le luxe, etc...uniquement pour satisfaire une pulsion ou un caprice, c'est purement et simplement contradictoire, puisque la spiritualité concerne la partie supérieure de l'humain : elle vise donc des valeurs supérieures, tournées vers l'impalpable et vers l'autre, à travers le don de soi.

Pour faire une courte parenthèse spirituelle (et je me permets de le faire ici puisque pour ceux qui ont un parcours en ce sens, ces vérités sont universellement admises) : compassion, don de soi, noblesse d'âme, pardon, générosité, non-jugement, patience, altruisme, toutes ces vertus spirituelles découlent d'un seul et unique principe primordial : l'Amour.

Or l'Amour, source de tout principe spirituel, est un amour inconditionnel qui ne cherche pas son propre intérêt mais celui de l'autre. Il serait absurde de prétendre aimer autrui si l'on se déteste soi-même : mais l'amour de soi doit être bien compris. Il ne s'agit pas de passer des heures devant sa glace à se dire «je t'aime» et à se complimenter, comme il est parfois conseillé, mais réside dans l'acceptation de soi, tel que l'on est, et dans la perspective de ce qu'il est possible d'améliorer. (Un prochain manuel suivra, consacré à son propre rapport à soi : estime, confiance et acceptation. Je ne m'étendrai donc pas ici sur cette parenthèse)

Utiliser vos capacités spirituelles en ce qui concerne la loi de résonance vous aidera par contre à révéler la meilleure version de vous-même.

Vous réaliser n'implique pas nécessairement de devenir égoïste ou orgueilleux : c'est, et ce doit être surtout un moyen de pouvoir mieux donner autour de soi.

Votre esprit est aussi celui qui devrait vous souffler continuellement que la recherche du bonheur est un voyage supérieur dont le but n'est pas uniquement d'obtenir et de cumuler les biens et le confort matériels, mais avant tout de chercher, en vue de son bien propre et de celui d'autrui, à devenir chaque jour une personne un peu meilleure.

L'esprit, à proprement parler, a pour première capacité le libre arbitre, et c'est lui qui va vous orienter dans vos choix de vie, en prenant la responsabilité de ces choix et de leurs conséquences.

Il est bien évident qu'au départ, vous serez tenté d'utiliser les principes de résonance pour vous faciliter l'acquisition de biens personnels, la réussite et le succès dans vos entreprises. Mais si **parallèlement,** *(je dirais même primordialement) vous entrez dans un véritable chemin spirituel visant à élever vos considérations au-delà de la satisfaction de vos envie propres, de l'amélioration constante de vous-même, de l'harmonisation et du rayonnement de votre vie,* **vous vous apercevrez que les raisons pour lesquelles vous utiliserez ces lois ne seront plus les mêmes et viseront elles-aussi à des buts supérieurs : par exemple apporter au monde par vos compétences et votre expertise dans le domaine qui vous caractérise.**

Il n'est pas nécessaire pour cela d'en passer par des rituels initiatiques orientaux complexes et risqués, même si les philosophies ont du bon en de nombreux points, ni par une méditation compliquée : la méditation dans le silence, l'introspection ou la pleine conscience, la simple méditation dite de la présence Divine suffisent amplement.

Il s'agit ici de s'imaginer mentalement entouré de la présence de l'Intelligence qui a créé toute chose. Vous n'avez rien d'autre à faire dans cet exercice que de vous placer dans cette position mentale et de faire silence en vous-même. Cette forme de méditation vous mettra en connexion non seulement avec l'Esprit Créateur mais aussi avec votre âme propre : votre moi profond. On l'appelle aussi méditation de l'humilité, car elle vous permettra de prendre conscience de votre place dans l'univers : vous êtes précieux, mais pas plus que votre voisin. L'humilité, liée à une juste conscience de ses compétences, sont des atouts précieux pour celui ou celle qui veut atteindre son objectif de vie.

Notez par la suite toutes les pensées profondes qui vous viendront durant cette méditation.

Soyez conscient de ce qui se passe en vous, ainsi que du calme qui s'établit peu à peu. Pour le reste, c'est le secret de votre âme et de votre recherche spirituelle sincère : les fruits de cette méditation ne sont pas prévisibles, car ils sont tout personnels.

Si, au cours de l'exercice, des pensées parasites vous perturbent, ne tentez pas de lutter contre elles : elles ne feraient que se renforcer. En luttant, vous focalisez votre attention sur elles, ce qui explique ce renforcement.

Contentez-vous de les laisser «glisser», et ramenez votre conscience sur l'objet de votre méditation : votre place sous le regard divin, dans l'univers, sur la terre.

Comme vous le voyez, si vous êtes en recherche de spiritualité, celle-ci ne s'acquiert pas par le sensationnel, mais par le silence et la communication interne. Les réponses vous viendront comme «de l'intérieur».

Il était nécessaire de prendre le temps de cette mise au point, en vue de vous éviter de tomber dans la désillusion ou le marketing rentabilissime du *Nouvel Age*. Restons scientifiques et pratiques, même si nous sommes des êtres spirituels, en ce qui concerne en tous cas cette *Loi de Résonance*.

J'en ai déjà fait l'avertissement dans *«Votre cerveau peut changer votre vie»*, mais je le répète ici (on ne le dira jamais assez) : *Un coach ou consultant en développement personnel n'est pas et ne doit devenir, sous aucun prétexte, un guide ou un gourou spirituel, vous diriger ou vous manipuler pour que vous en veniez à adopter SES valeurs et conceptions dans ce domaine.*

31

*Si vous faites le choix de vous faire conseiller ou guider dans la pleine expression de vous-même, **restez prudents** quant au discours de votre consultant ou thérapeute, **gardez toujours suffisamment de recul** sur ses convictions personnelles et leur logique, et enfin, **faites vos propres recherches, documentez-vous scientifiquement et solidement.***

*De nombreux mouvements plus ou moins sectaires ou à visée commerciale procèdent par le biais de la psychologie, du bien-être, des médecines naturelles pour recruter ses futurs clients/adeptes : c'est d'autant plus facile d'abuser de la crédulité d'une personne en difficulté, désillusion ou fragilité, voire de quelqu'un de passionné qui serait prêt à tout (et à toutes les dépenses) pour arriver à ses fins et réaliser ses objectifs, **surtout si on vous fait des promesses quasi magiques de facilité, enrobées de discours ésotérique et de rituels exotiques.***

*La spiritualité est un chemin personnel, et encore une fois je tiens à le préciser, **l'esprit n'est pas le mental!***

L'esprit n'a rien de matériel: on peut seulement en observer les effets : L'esprit (ou âme) est ce qu'on pourrait appeler votre «moi profond, ou supérieur».

*Le mental quant à lui, est soumis aux directions de l'esprit (comme, nous l'avons vu, ces appels aux valeurs supérieurs (courage, force, bonté, compassion, humilité...), le libre arbitre et l'intelligence : Mais ce mental (ou psychisme), s'il est influencé par les impulsions de l'esprit, **reste totalement lié au corps** : il englobe les données renvoyées par le corps, par le biais des sens, des émotions (qui sont des processus neurochimiques), au moyen d'échanges constants d'informations, qui s'influencent et se renforcent mutuellement. **Ces renforcements permanents ont fini par constituer votre programme de fonctionnement** : ce que vous appelez communément votre personnalité, ou faussement, votre «nature».*

Quant au cerveau, il est l'interface entre le corps et l'esprit : il est l'organe qui reçoit et traite les informations en provenance de votre moi supérieur, et celles provenant de vos sens et de vos ressentis/réactions corporels, de votre environnement.

Je fais partie de ces personnes qui, pour avoir creusé le sujet de fond en comble, sont convaincues que l'esprit (comme la conscience supérieure) n'est pas une émanation du cerveau : comme je l'ai dit précédemment, celui-ci n'est que l'organe de traitement de l'information.

Le développement personnel travaille essentiellement sur l'alignement de votre système corps (sens, énergies)/mental (traitement de l'information, croyances, apprentissage, recadrage etc...)/esprit (valeurs, aspirations profondes) afin de vous conduire à la pleine réalisation de vous-même et de vos objectifs de vie.

Le fonctionnement de la loi de résonance quant à lui, relève de lois de la nature, de lois physiques, pourrait-on dire, et actuellement, les champs d'exploration issus de la physique quantique pourraient bien sous peu avancer une explication sur le fonctionnement de cette loi.
Nous sommes encore bien loin de pouvoir tout expliquer des phénomènes observables dans la nature, mais de la même manière qu'on ne voit pas les ondes radio, ni même le vent, nous en constatons les effets : il en est ainsi de la loi de résonance ou d'attraction.

En conclusion : La loi de résonance ou d'attraction est un état de fait dont on peut soit subir les conséquences, soit profiter des avantages, puisqu'elle ne fait que répondre (résonance) à nos propres émissions vibratoires (information) qui dépendent directement de notre programmation consciente, conséquence d'une reprise de contrôle.
Nous devons décider des informations et croyances que nous choisissons de laisser imprégner notre subconscient.

CONCRETEMENT : COMMENT CA MARCHE?

Je ne vous mentirai pas : même si je m'intéresse de près à la physique quantique et au cheminement de l'information dans l'environnement, je ne m'avancerai pas à vous donner une explication que je ne maîtrise pas.

Il s'agit de rester dans son domaine d'expertise, et je déplore la manière dont trop de coaches en développement personnel s'approprient une science dont ils ne contrôlent pas les fondamentaux, pour pouvoir vous donner une explication qui conforte et rassure.

Certains physiciens en ont parlé (et en parlent de plus en plus) bien mieux que je ne saurais le faire. Il existe cependant des approches scientifiques intéressantes qui pourraient être un début d'explication, comme les phénomènes d'intrication, la théorie de la double causalité etc... Je vous invite, si le sujet vous intéresse, à consulter ces théories sur la toile. Mais de grâce, référez-vous à de véritables scientifiques, et assurez-vous de surcroît qu'ils le restent dans leur propos, et ne soient pas dans la pure spéculation, déformation des notions scientifiques par le filtre de leurs propres conceptions spirituelles.

Personnellement, je poursuis mes recherches en ce sens et ne manquerai pas de vous faire part des résultats sur mon site internet (actuellement en construction). Néanmoins, nous survolerons les principales théories avancées dans le chapitre suivant.

C'est un fait mystérieux de constater que, de plus loin que remontent les témoignages, qu'ils soient issus de la Bible, de cultures ancestrales, de l'observation populaire ou même de faits actuels, cette loi de la Nature fonctionne pour tous et a toujours fonctionné.

Concrètement, que dit cette loi?

Tout ce sur quoi vous focalisez votre attention et qui occasionne chez vous un état émotionnel marqué et durable tend à devenir réalité. Que ce soit une aspiration ou une crainte.

Mais attention : cela ne signifie (heureusement) pas que vous allez «matérialiser» immédiatement ou presque toute pensée dominante!

Votre programmation subconsciente joue un rôle déterminant.

Toute la question est, par conséquent, d'apprendre à contrôler ses pensées et émotions, son état d'esprit dominant : c'est là ce qui fera toute la différence, et vous permettra de mettre cette vérité d'observation à votre service, plutôt que d'en subir les conséquences.

Les ¾ des gens endurent cette loi sans en être conscients.

Prenons par exemple cette fameuse «loi des séries» : Une suite de chance ou de malchance, cela n'a pas de sens.

Demandez-vous un instant pourquoi certaines personnes seraient dotées de chance et d'autres de malchance? Selon quel favoritisme ou bien quelle injustice? Avez-vous une réponse satisfaisante? Pour ma part, j'affirme que non.

Pourquoi aujourd'hui ou cette semaine précisément, la chance ou la malchance auraient décidé de se préoccuper de vous? En fonction de quel critère vous favoriserait-on ou au contraire vous nuirait-on?

En toute logique, cela n'a aucun sens.

Il faut donc qu'il y ait une autre explication.

Prenons donc pour base cette observation avérée que tout état d'esprit dominant, vécu sur le long terme ou bien ponctuellement mais avec une décharge émotionnelle puissante, tend à attirer vers vous des circonstances ou personnes se situant «sur la même longueur d'onde».

Cette loi des séries s'explique ainsi beaucoup plus logiquement.

Imaginons que, dès le matin, un événement fâcheux se produise. Celui-ci va immédiatement vous perturber, vous agacer, vous démoraliser, vous inquiéter. Pour peu que cet événement ait eu suffisamment d'impact sur vous, votre état d'esprit va s'en trouver considérablement affecté : en positif comme en négatif. Vous allez donc attirer vers vous de façon d'autant plus rapide que votre état émotionnel est concerné, d'autres événements entrant en résonance avec celui-ci.

Ceci jusqu'à ce que **l'onde de résonance** s'atténue, suffisamment pour ne plus rien provoquer. Si vous vous laissez affecter par un événement quelconque, voici ce qui va se produire et vous direz «Je n'ai décidément pas de chance aujourd'hui (cette semaine) : tout s'acharne contre moi»! Ou bien «Aujourd'hui, c'est mon jour de chance!»

En complément d'explication, il faut comprendre aussi que la manifestation d'événements positifs ou négatifs peut ne pas intervenir immédiatement. Elle peut, en effet, être une sorte d'écho d'une période d'euphorie ou de stress passée, survenant à distance de celle-ci.

L'un dans l'autre, rien n'arrive «par hasard» : **votre attitude envers la vie est déterminante pour favoriser ou défavoriser votre chemin, vos initiatives, vos projets.**

Comme nous le verrons ultérieurement (ceci fera l'objet d'un prochain guide spécifique), votre état d'esprit dominant est également impliqué de façon extraordinaire dans votre état de santé, votre niveau d'énergie globale, vos capacités de guérison.

Une conclusion à ceci s'impose d'emblée :

Si vous êtes de ces personnes qui passez vos journées à regarder le verre à moitié vide plutôt que de le voir à moitié plein, si vous vous attardez sur ce qui n'a pas fonctionné de suite comme vous l'auriez souhaité, si vous trouvez toujours des occasions de vous plaindre, de vous positionner en victime des autres, des circonstances, vous pouvez être certain(e) que les choses ont de grandes chances de ne jamais tourner à votre avantage. Vous entretiendrez un cercle vicieux :   **le négatif attire le négatif, comme le positif attire le positif.**

Pourquoi ? Vous allez comprendre.

<u>*La Loi de Résonance ou d'Attraction est un processus qui fonctionne à deux niveaux :*</u>

<u>*Le plan neuroscientifique :*</u>

*Lorsque vous focalisez sur une question ou un but, votre cerveau, conçu à l'origine pour garantir votre survie, **va interpréter l'information en mode «binaire» (je schématise) en fonction des émotions associées.***

En clair : 1 = bon, bénéfique, essentiel, c'est un besoin important pour vous
*   0 =Dangereux, néfaste, nuisible, à éviter*

Dans les deux cas, il va envoyer le même ordre à votre corps ainsi qu'à votre subconscient : repérer tout ce qui se rapporte à l'information donnée, dans votre environnement et vos mémoires implicite (inconsciente) et explicite (consciente). Que ce soit pour obtenir, réaliser, ou éviter, vous protéger, la zone de votre cerveau responsable du filtrage des informations utiles, appelée Système d'Activation Réticulaire, sait qu'elle doit passer cette information en mode prioritaire. Ce système s'active donc dans le sens de l'information/émotion reçue.

Les conséquences directes seront que vos sens vont capter dans l'environnement toutes les informations relatives à ce message. (Vous avez décidé qu'il vous fallait telle voiture : vous allez vous mettre à la voir de plus en plus autour de vous. Vous souhaitez vous lancer dans telle activité : vous en entendrez parler partout, vous percevrez un maximum d'informations à ce sujet).

Vous serez aussi plus «affuté», sur le plan perceptif, c'est-à-dire que vos sens et votre attention seront naturellement affinés, percutants, en présence de toute informations relative à votre centre d'intérêt.

Le SAR peut également s'activer lors d'émotions négatives comme la peur, les craintes, dans le cadre de votre projet et vous mettre en condition de capter dans l'information environnante tout ce qui pourrait les confirmer : une première bonne raison de ne se focaliser que sur le positif et de partir gagnant!

Concentrez-vous sur ce que vous voulez et non sur ce dont vous ne voulez pas ou plus dans votre vie.

Le plan quantique/information :

Votre cerveau émet de l'information sous forme de fréquences vibratoires. D'intéressantes études menées par l'Institut Heartmath ont mis en évidence que le cœur possédait lui aussi un champ magnétique, soixante fois supérieur à celui du cerveau, et qu'il était capable de percevoir l'information bien avant ce dernier. Développer ici toutes les implications scientifiques de cette découverte n'est pas dans mon propos, néanmoins comprenez que l'humain est un véritable émetteur/récepteur d'information, qui se synchronisent avec les fréquences similaires, qu'elles soient humaines ou environnementales (à l'échelle de l'univers).

En fonction de l'information dominante, de celle qui est émise avec le plus de précision et de puissance, vous entrez en quelque sorte en résonance avec les informations similaires, et commencez à les attirer dans votre environnement direct. Ne vous est-il jamais arrivé de penser à une personne de laquelle vous n'avez pas de nouvelles depuis longtemps, et de recevoir le jour même ou le lendemain un appel téléphonique, une lettre, ou même de croiser cette personne alors que vous ne vous y attendiez pas?

A l'inverse, vous redoutez fortement de rencontrer Untel ou Unetelle... et vous tombez nez à nez avec lui ou elle là où vous ne l'attendiez pas!

Votre cerveau ne comprenant pas la négation, que vous pensiez à cette personne d'une façon négative ou positive n'a pour lui aucune incidence : vous y avez pensé suffisamment fort pour émettre l'information suivante : l'image de cette personne. **En conséquence, vous l'avez attirée dans votre environnement direct.**

Ces deux processus en un, fonctionnent simultanément et dans le même objectif : vous amener à réaliser votre but.

En focalisant sur votre objectif avec l'état d'esprit adéquat : Vous vous conditionnez à être le plus efficace possible en matière de perception des informations essentielles. Vous provoquez une résonance qui attire dans votre environnement toute une série d'informations et d'événements liés à votre but. Il est donc capital que vous soyez motivé, enthousiaste, déterminé et que vous vous efforciez d'adopter un état d'esprit positif.

J'insiste encore une fois : ne pensez qu'à ce que vous voulez expérimenter!

PHYSIQUE QUANTIQUE, INFORMATION
ET LOI DE RÉSONANCE

J'ai employé ce mot à plusieurs reprises dans le texte, peut-être l'avez-vous remarqué. Pour certains d'entre vous, il est familier. Pour d'autres, il se peut qu'il ait pu vous intriguer, vous paraître un peu ésotérique.

Il s'agit du mot «vibratoire».

A ce sujet, pour ceux que ce mot déconcerterait quelque peu, des explications s'imposent.

Les scientifiques, en particuliers les spécialistes de la physique quantique et de la physique de l'information, nous expliquent que tout est vibration.

*Prenez un bloc de glace, en le chauffant, nous allons **élever la fréquence vibratoire** de ses molécules. Nous obtenons de l'eau. Il s'agit toujours de la même substance, mais elle a changé de consistance. Continuez de chauffer (et donc d'élever la fréquence vibratoire), vous obtenez de la vapeur d'eau. En conséquence, entre l'état solide et l'état gazeux, tout n'est qu'une question de fréquence vibratoire.*

La mécanique quantique affirme que la matière en apparence solide est en fait de l'énergie dont la fréquence vibratoire a été considérablement abaissée. Lorsque les physiciens observent un atome, au-delà du noyau et des électrons qui gravitent autour de lui, ils constatent que ces particules sont elles-mêmes constituées de microparticules et de vide!

La théorie des cordes affirme que tout, absolument tout, est constitué de cordes d'énergie microscopiques, qui vibrent en permanence. La forme que prend la matière est déterminée par ces fréquences vibratoires.

Nous sommes nous-mêmes constitués d'atomes, par conséquent nous sommes des êtres vibratoires. Nous émettons de l'information.

Nikola Tesla aurait même expliqué : «Si vous voulez trouver les secrets de l'univers, pensez en termes de fréquences, d'énergies et de vibrations»...

John Wheeler, de son côté, affirme : "A présent, je pense que tout, absolument tout dans l'Univers, se résout, finalement, à de l'information". (Jonh Wheeler dans Geons, Black Holes, and Quantum Foam).

Dans le domaine de la recherche scientifique, certains physiciens s'intéressent à présent de près à la «physique de l'information», une discipline en plein essor actuellement.

Encore une fois, je resterai très prudente en abordant ce sujet. En effet, certaines citations, certaines expériences mal comprises par bon nombre de mouvements dits «spirituels» voire sectaires sont utilisées à des fins d'explications dans le but de convaincre le public du bien fondé de leurs théories. De même au niveau de la résonance, qui je le rappelle est fréquemment présentée outre atlantique sous l'appellation de «Loi d'Attraction», des raccourcis scientifiques, une vulgarisation non maîtrisée par des personnes totalement ignorantes de la physique vous sont présentées en guise d'explication certaine.

Je me méfie du mysticisme quantique. Je ne suis pas physicienne, bien que passionnée par ces études, dans le cadre de mon champ d'action visant à améliorer la pleine expression de l'être et le guider pour qu'il puisse exprimer le meilleur de soi. Bien évidemment, l'être humain est une entité placée dans un environnement. Il me semble donc impossible de l'isoler, comme on isolerait un élément scientifique en faisant le vide autour de lui pour mieux l'étudier.

Il faut au contraire tenir compte en tout ce qui concerne l'Homme, des influences et interactions réciproques entre lui-même et cet environnement, qui inclut : les autres (la société), la nature, les lois physiques, les ondes, les énergies, l'univers...

Au regard des dernières découvertes scientifiques et des études actuellement en cours, il apparaîtrait que l'information est à l'origine de toute énergie/matière, et qu'elle est omniprésente dans l'environnement.

Une première piste d'explication de notre loi est la suivante :

Selon le principe des fréquences vibratoires similaires qui s'attirent immanquablement, les informations que nous émettons au sujet de ce qui nous importe le plus (aspirations, projets, valeurs, émotions, sentiments...) attire dans notre environnement direct sous forme d'informations, d'événements, de personnes ou de circonstances, les fréquences vibratoires de nature similaire.

Une autre explication possible, plus récemment envisagée celle-ci, découle de la théorie de la double causalité.

Pour appréhender ce concept, il faut faire abstraction du temps, qui dans l'absolu n'existe pas, (le temps n'étant qu'une conception humaine dé-terminée par le mouvement et l'action) et adopter ce que l'on nomme dans le milieu cinématographique le «point de vue de Dieu», c'est-à-dire la vision la plus globale, totale des événements, dans laquelle toutes les potentialités existent simultanément.

La loi de résonance, d'après cette théorie, pourrait s'expliquer par le fait que votre libre arbitre en émettant une intention (donc en faisant un choix), vous oriente comme un émetteur récepteur quantique sur la fréquence de la po-tentialité correspondante, laquelle vous dirige ensuite vers sa réalisation. C'est une hypothèse, une possibilité (particulièrement bien exposée et expliquée par le physicien Philippe Guillemant).

Pour les personnes désireuses de «creuser», il existe à ce sujet de bonnes références sur le net. Mais ce ne sont, à l'heure actuelle, que des pistes de recherches. Il se peut en effet que la science ait encore besoin de temps pour expliquer ce phénomène. Il serait vain et présomptueux de vou-loir en avancer une explication certaine lorsqu'on ne possède pas la forma-tion adéquate.

COMMENT LA LOI DE RÉSONANCE
REPOND A VOTRE ENGAGEMENT

Comme je l'expliquais précédemment, une fois que vous aurez décidé de changer, de devenir une personne positive, combative et motivée, vous allez pouvoir constater que progressivement, non seulement vous changez, mais votre environnement, les événements, les circonstances commencent à changer eux aussi.

Vous aurez l'impression d'avoir de plus en plus de «chance»

Des phénomènes appelés «synchronicités» vont commencer à se produire.

Une synchronicité est, en quelque sorte, une coïncidence, mais dans notre cas, une coïncidence heureuse, allant dans le sens de votre recherche/demande/souhait/projet/désir.

Par définition, une synchronicité est l'occurrence simultanée de deux (ou plusieurs) événements sans lien de causalité, mais qui prend un sens pour celui qui la perçoit. (définition donnée par Carl Gustav Jung, psychiatre et père de la psychologie analytique, qui a mis en évidence ce phénomène)

Il peut s'agir d'une rencontre précisément ou indirectement opportune, d'une information qui vous parvient «juste au bon moment», d'une solution à un blocage qui se présente comme par enchantement alors que vous n'auriez jamais pensé chercher de ce côté, d'un événement inattendu qui vous apporte la solution, ou vous met en relation avec la bonne personne au bon moment...

C'est en étant attentif(ve) à ces signes que vous identifierez les échos de la résonance informationnelle à votre engagement.

Je précise bien «engagement», car il ne suffit pas d'une simple et vague idée, envie, souhait etc...

Pour déclencher ces synchronicités, il faut un véritable engagement, c'est-à-dire que le but fixé doit vraiment vous tenir à cœur, être en parfaite adéquation avec vos besoins et vos valeurs, que vous soyez prêt à en assumer les conséquences (que vous aurez auparavant parfaitement mesurées, sans vous mentir cela va de soi), et que vous soyez prêt à recevoir votre réponse, à atteindre cet objectif.

Votre souhait, vos valeurs, vos attitudes, votre engagement et votre motivation doivent être en parfait alignement, orientés dans une même direction. C'est lorsque vous signerez cet engagement par une première action concrète (même un petit pas) dans sa direction que les synchronicités se déclencheront.

Décider, c'est passer à l'action.

Mais attention!

Je vous l'ai dit clairement, la loi de résonance ne fonctionne pas de cette façon «magique» que l'on voudrait vous faire croire dans beaucoup d'ouvrages faisant référence à ce phénomène.

S'ils ont en leur faveur l'avantage de vous faire découvrir cette loi et comment elle fonctionne par rapport à votre état d'être et aux informations que vous véhiculez dans votre environnement, **ils passent sous silence les données essentielles qui vous permettraient justement d'en faire l'expérience.** C'est pourquoi de nombreuses personnes ayant voulu s'y essayer en ont conclu que cela ne fonctionnait pas. Beaucoup aussi, qui avaient misé tous leurs espoirs dans cette découverte et pensaient eux aussi que tous leurs problèmes allaient se résoudre comme par magie, ont non seulement déchanté mais pour certains, ont sombré dans la dépression!
La chute a été aussi douloureuse que l'espoir s'était envolé très haut.

Il est vraiment tentant de se voir proposer une solution magique requérant un minimum (voire pas du tout) d'efforts, lorsque l'on se débat depuis un long moment et sans succès pour parvenir à quelque chose ou résoudre un problème important.

J'ai pu lire un jour sur le net, par exemple, le témoignage d'une personne qui mettait en garde le public contre ce genre de commerce (programmes coûteux, séminaires hors de prix, livres et gadgets en tous genre, *méthodes alléchantes avec possibilité de payement échelonné, mais extrê-mement onéreuses au final etc...) suite à la mésaventure survenue à sa ma-man, une personne qui avait peu de ressources, beaucoup de préoccupations, et qui s'était laissée glisser dans cet engrenage alléchant, s'endettant pour ac-quérir les connaissances et les «pouvoirs» requis pour augmenter sa bonne fortune, au point de ne plus pouvoir s'en sortir seule.*

Vous pourrez faire toutes ces choses (peut-être en avez-vous les moyens financiers) mais sachez que même si vous lisez les meilleurs livres, participez aux meilleures conférences, séminaires, etc...vous n'avancerez jamais, rien ne se produira si vous ne passez pas à l'action !

C'est cela, l'engagement!

*Et c'est précisément l'un des principaux ingrédients que l'on oublie trop souvent de vous donner. Vous devez **agir** dans le sens de votre de-mande/projet/résolution de problème/objectif, non seulement en mettant en pratique de manière régulière et persévérante vos techniques de reprogram-mation, mais aussi en entretenant et renforçant votre motivation et en faisant votre part, c'est-à-dire **tout ce qui est en votre pouvoir dès maintenant pour faire avancer les choses.***

Si vous recherchez le logement idéal ou l'emploi de vos rêves, et vous contentez de penser qu'en restant assis dans votre fauteuil, quelqu'un va son-ner à votre porte pour vous dire : «hey! J'ai justement quelque chose qui va t'intéresser», vous risquez d'être déçu(e) à brève échéance! Oh bien sûr, il se peut que la loi de résonance procède exactement de cette façon, et que ce scénario se produise, cela n'est pas exclu. Mais vous ne pouvez savoir par avance de quelle façon et par quel procédé vous obtiendrez votre réponse.

Vous devez donc faire votre part, en l'occurrence :

1/ Parler autour de vous de votre recherche

2/ Vous donner la peine d'aller acheter le journal, ou mieux, allumer votre ordinateur pour consulter les offres d'emploi ou annonces immobilières, selon votre recherche.

49

Si vous souhaitez rencontrer l'âme sœur, ne pensez pas d'emblée qu'elle va sonner à votre porte! Faites votre part de chemin : sortez, voyez du monde, inscrivez-vous (avec prudence!) sur des sites internet...

*Peut-être que ces démarches ne seront pas celles qui vous apporteront la réponse, peut-être que celle-ci viendra au moment et d'une manière auxquels vous n'auriez jamais pensé ! **Mais toujours est-il que ces actions, en marquant votre engagement et votre détermination, activeront la résonance dans ce sens.***

Et c'est ce qui est important.

C'est la raison pour laquelle vous ne devez sous aucun prétexte négliger cet ingrédient de la recette!

ET LA PRIERE ?

Un tel sujet dans un guide de développement personnel?

Hors sujet?

Pas tant que vous pourriez le penser.

Si j'ai souhaité faire cette parenthèse, c'est parce qu'il est extrêmement fréquent dans l'univers du développement de soi que les personnes qui consultent et sollicitent un accompagnement personnalisé soient aussi en recherche de spiritualité, et pas uniquement de réussite matérielle.

Les coaches le savent bien, c'est pourquoi bon nombre d'entre eux qui sont directement liés à des mouvements de pensée jouent de ce besoin pour faire passer leurs propres idées et convictions, c'est pourquoi j'ai (lourdement, et je m'en excuse auprès du lecteur) insisté sur le rôle de l'accompagnateur.

Nous l'avons vu, la spiritualité joue un rôle essentiel dans la véritable expression de soi. Par ailleurs, bon nombre de gens parmi ceux qui entreprennent une démarche de changement et de développement personnel croient en un Dieu dont les attributs essentiels sont l'Amour, l'omniscience, l'omnipotence, pour ne citer qu'eux.
Est-ce parce qu'il n'est pas de bon ton de parler de Dieu en cette époque de bouleversements à tous niveaux que nous devons laisser toutes ces personnes de côté et négliger de les prendre en considération dans l'étude de ce concept?

Personnellement, dans le cadre d'une société où l'on prône la liberté d'expression, je ne conçois pas l'idée de laisser une partie de la population de côté sous prétexte que ses convictions dérangent. Un esprit ouvert est un esprit qui admet que les autres puissent avoir des raisons de penser autrement que soi-même.
Certains coaches, et d'excellents de surcroît, ont le courage de parler de la prière, de la communication avec le Divin, voire même d'avouer qu'eux-

mêmes prient tous les jours : je les en félicite, car ces personnes sont rares, mais en parfaite conformité avec leur vocation qui n'est pas de changer l'autre mais de l'aider à développer son plein potentiel, indépendamment des divergences d'opinions et de convictions.

Ces accompagnateurs sont à mes yeux des personnes vraies, qui exercent leur métier par passion et conviction, et non parce que le coaching est devenu un métier « à la mode », uniquement destiné à vendre très cher des prestations. Je voudrais tout de même souligner que, dans le vaste supermarché du coaching, se rencontrent des personnes qui, comme je l'ai déjà évoqué, se contentent de reprendre à leur compte des informations collectées sur le net, ceci sans les maîtriser : ces personnes se font rémunérer quelque 60 euros la consultation ou la séance de coaching.

Pour rappel, un médecin généraliste qui a «sacrifié» huit années de sa vie sur les bancs de l'université ne touche, en 2016, que 23 euros la consultation!

Il y a fort à parier que dans quelques années, la profession, si elle n'est pas mieux encadrée, risque fort de péricliter, non sans avoir causé des dégâts irrémédiables!

Pour en revenir au sujet qui nous intéresse ici : je tenais à faire cette parenthèse à l'attention des personnes croyantes, et répondre à la question que beaucoup doivent se poser :

Si la loi de résonance fonctionne pour tous et apporte à tous la solution, dont-on pour autant considérer la prière comme inutile ?

La prière existe depuis toujours, quelles que soient les époques et quels que soient les peuples. Elle est inscrite en nous, de même que ce besoin de spiritualité directement lié à notre âme : ce besoin de connexion avec la dimension invisible et supérieure répond au besoin de l'âme d'être nourrie et développée, au même titre que le corps et le mental.

Beaucoup prient pour obtenir ce qu'ils souhaitent, et même, bien plus loin, la Bible par exemple donne de la prière la même présentation que celle de la loi d'attraction!

«*Si vous ne doutez pas, mais croyez que ce que vous dites arrive, cela s'accomplira!*»

Alors : action divine ou loi de résonance naturelle?

Lorsque vous exercez consciemment votre être à fonctionner en équipe avec la loi de résonance pour accomplir quelque chose, vous vous positionnez, nous l'avons vu, dans un double état d'efficacité :

1/ Votre cerveau va mettre votre objectif en mode *prioritaire ce qui aura pour effet :*

> *a) D'activer les zones cérébrales directement impliquées dans la perception consciente de toutes les informations environnementales susceptibles d'être utiles à sa réalisation et de la favoriser.*
> <u>*Exemple*</u> *: ne vous est-il jamais arrivé de jeter votre dévolu sur une nouvelle voiture en projet et de vous apercevoir que, brusquement, vous la voyez partout?*

> *b) De réduire la perception du champ informationnel pour éviter d'encombrer votre cerveau de considérations inutiles. Le cerveau envoie vers vos sens (qui sont les outils collecteurs d'information) un message leur indiquant ce qui est important pour votre bien.*
> <u>*Exemple*</u> *: je vous demande de regarder autour de vous, à l'endroit où vous vous trouvez à cet instant, et de rechercher attentivement tous les éléments de couleur rouge.*

Ensuite, je vous demanderai de fermer les yeux et de me citer au moins 3 éléments de couleur.... bleue!

Vous allez vous apercevoir que vous n'en avez retenu aucun!

Si vous avez correctement focalisé sur la couleur rouge, votre système activateur réticulaire à fait en sorte que vous n'enregistriez pas les autres couleurs.

c) D'aller chercher dans votre subconscient toutes les données pouvant venir servir votre projet.

Exemple : vous allez vous souvenir brusquement d'informations que vous pensiez avoir oubliées, ou dont vous n'aviez tout simplement pas eu conscience, captées dans votre vécu ou dans votre environnement et enregistrées directement dans l'inconscient car ne présentant pas à ce moment d'intérêt particulier.

Ceci parce que votre cerveau est un outil formidable, conçu pour fonctionner en mode efficacité maximale sitôt que vous le sollicitez en vue de votre survie, d'un centre d'intérêt essentiel à votre bien être, d'un objectif important pour vous.

2/ En focalisant sur un objectif avec enthousiasme, détermination, motivation, vous allez vous aligner sur le plan vibratoire avec cet objectif, (il est aujourd'hui scientifiquement établi que l'humain émet de l'information dans son environnement) et ainsi faire en sorte que la résonance vous réponde : vous devenez un émetteur- récepteur.

Comme vous le constatez, les choses ont été prévues pour fonctionner d'elles-mêmes!

L'intelligence Supérieure, pour ceux qui la reconnaissent, qui a créé l'univers et toutes les lois de la nature les a conçues en ce sens. On peut dire d'une certaine façon que les résultats de la prière proviennent d'une action divine directe, tandis que ceux de la loi de Résonance provienne également d'une action divine, mais indirecte.

Cependant, pour les personnes croyantes (qui je le rappelle, sont nombreuses !), le lien, la communication avec la Divinité est important.

Est-ce à dire que la science nous dispense de ce lien?

Plaçons-nous dans la position de perception des personnes croyantes pour comprendre le processus suivant :

Vous souhaitez telle ou telle acquisition, relation, ou avez tel projet professionnel ou de vie : vous le revendiquez parce que vous en avez envie, que vous y aspirez, et ce pour des raisons souvent pour une part incons-

cientes, dont vous ne mesurez pas nécessairement toutes les conséquences futures.

Savez-vous vraiment si telle chose que dont vous souhaitez faire l'expérience dans votre vie sera bénéfique pour vous, à court, moyen ou long terme?

Si vous admettez l'existence de cette Intelligence Supérieure, créatrice, omnisciente, vous devez comprendre qu'en Elle est également contenue toute l'information disponible, passée, présente, future : sur ce plan de réalité, le temps n'existe pas.

Ajouter la prière à votre pratique est un bonus non négligeable qui vous permet d'établir une connexion directe avec l'Intelligence Créatrice, et donc d'intensifier les effets de la résonance, et ensuite, **d'être éventuellement redirigés, recadrés, précisés dans votre objectif au vu des répercussions que vous ignorez, toujours dans un sens pour vous d'obtenir le meilleur.**

Prier c'est aussi remercier!

Votre état d'être de **Gratitude,** de reconnaissance pour toutes les bonnes choses que vous avez déjà dans votre vie, qui vous font du bien, même si vous traversez à ce moment une période difficile, revient à émettre une information positive, un état de bien être ou de joie à la pensée de cet élément de votre existence : **La résonance du positif étant le positif, vous allez attirer à vous d'avantage de cette sensation, d'avantage de raisons d'être reconnaissant.**

Dieu? L'Univers?

Si vous décidez de prier, c'est-à-dire d'établir une connexion directe et communication avec la Puissance créatrice de toute chose, (ce qu'énormément de personnes font chaque jour, aux quatre coins du monde), pourquoi «prier l'univers», «demander à l'univers ?»

Il y a confusion entre l'Intelligence Supérieure qui a créé toute chose, et l'univers qui est lui-même une création de cette Intelligence! L'univers n'est pas une «entité», mais un système, un champ régi par des lois physiques et en lui est véhiculée l'information.

Vous ne faites pas «une demande à l'univers», vous ne «remerciez pas l'univers», vous émettez une intention, un état de gratitude, qui sont de l'information vibratoire et quantique. En cela, vous activez la résonance à votre profit, mais ne priez pas!

Les actes de demander ou remercier s'adressent à une Intelligence bienveillante et non à une création de cette Intelligence.

L'information est neutre : elle répondra par ses lois propres à vos émissions vibratoires, que l'objet de votre demande vous soit profitable ou non. Cela signifie aussi que toute choses sur laquelle vous focalisez votre attention et qui serait une crainte, une croyance limitante, un manque ou un échec, vous l'attirerez de la même manière puisque vous résonnez sur le mode de cette information.

La Divinité, considérée comme Intelligence aimante et bienveillante, si vous croyez en elle et sollicitez son intervention directe dans le processus, vous dirigera toujours vers le meilleur pour vous et orientera la résonance en ce sens. (Dieu est toujours maître d'agir sur les lois naturelles, même si elles sont conçues pour fonctionner seules dans un contexte de règles préétablies : prier peut donc aussi vous éviter les retours négatifs, accélérer et/ou améliorer les retours positifs).

Ces précisions m'ont semblé nécessaires, au regard de ce vaste supermarché de documentation au sujet de la loi de résonance ou d'attraction, aux approches ésotériques et plutôt confuses, avec une nette tendance à mélanger les genres. C'est le côté «spectaculaire», la mise en scène du magicien, l'effet attractif et surtout commercial!

---

*Les personnes croyantes peuvent donc se conditionner dans le sens d'une utilisation optimale de la résonance, et prier par surcroît. Mais elles doivent retenir que ce sont **deux** démarches complémentaires : émettre une intention sous forme de fréquence vibratoire dans l'environnement ne signifie pas prier, même si certains auteurs enseignent de «demander à l'univers», voire parlent même de «prière scientifique»!*

Par définition, prier, c'est s'adresser directement et en personne à l'Esprit Divin.

TOUT LE MONDE PEUT CHANGER!

Néanmoins, les explications qui vont suivre n'en demeurent pas vraies pour tout le monde, et apporteront des bénéfices certains, même dans ces cas particuliers (en complément bien sûr d'une prise en charge du problème neurologique)

Je pense être quelqu'un de plutôt négatif, pessimiste, dois-je comprendre que je n'atteindrai jamais mes objectifs ?

Rassurez-vous!

Comme je l'expliquais dans «Votre cerveau peut changer votre vie», ce que vous appelez «votre nature» est à 90% composée de programmation subconsciente. Scientifiquement parlant, de schémas neuronaux acquis depuis votre naissance, responsables d'automatismes émotionnels, comportementaux ou cognitifs.

Les récentes découvertes dans le domaine des neurosciences ont mis en évidence de façon indiscutable ce qu'on appelle la plasticité neuronale, c'est-à-dire la capacité de votre cerveau à recréer de nouvelles connexions et à désactiver progressivement les anciennes. En fait, tout repose sur le principe de l'apprentissage par la répétition, associée à l'émotion, à la détermination et à la motivation.

Une personne plutôt négative, dont l'inconscient est, de façon dominante, programmé par un trop plein de **croyances limitantes,** générant des comportements et un regard sur la vie, les circonstances et les autres plutôt sombres, résignés, **peut devenir une personne totalement différente : positive, combative, motivée.**

Souvenez-vous simplement que ce ne sont pas les conditions dans lesquelles vous vous trouvez en cet instant qui détermineront la suite de votre vie, mais votre attitude mentale vis-à-vis de celles-ci, votre envie de changer et par conséquent de voir les choses changer autour de vous, votre motivation et votre détermination.

Ce faisant, vous allez constater que, progressivement, le courant s'inverse : vous attirez à vous de plus en plus de circonstances favorables, de rencontres opportunes, et, comme un cercle vertueux, renforcez dans ce constat votre conviction et votre motivation. Votre état d'esprit ne va cependant pas se modifier du jour au lendemain : Il vous faudra un peu de patience et de persévérance.

Il se peut que, dans un premier temps, vous ne constatiez pas ou peu de changement. Pire, que vous ayez le sentiment que plus vous vous efforcez d'être positif, plus vous avez l'impression que le négatif en vous et autour de vous reprend toujours le dessus!

Ne vous en inquiétez pas : ceci est parfaitement normal!

Votre cerveau est programmé de longue date, et comme il est en permanente communication avec votre corps, il se produit la chose suivante :

Lorsque vous essayez de modifier quelque chose en vous, votre corps (qui fonctionne en communication permanente avec votre cerveau) habitué à recevoir quotidiennement certaines informations, va se trouver déstabilisé au niveau chimique et émotionnel, et de fait, renvoyer au cerveau par le biais des voies nerveuses, électro-chimiques, des informations en vue de le déstabiliser à son tour, le poussant ainsi à reprendre ses émissions informatives habituelles.

Vous pourrez ainsi vous sentir des plus enthousiastes les premières heures, puis rapidement déconcerté, comme perturbé, et comme l'être humain n'aime généralement pas ces sensations, votre inconscient va tenter de faire en sorte de rétablir le statu quo, c'est-à-dire le ressenti auquel vous êtes habitué, celui qui vous est familier : **c'est ce que l'on appelle la résistance au changement.**

Changer demande de l'énergie, une motivation suffisante sans laquelle vous ne manquerez pas de baisser les bras, retombant dans votre ancien fonctionnement à la première difficulté. C'est pourquoi il est indispensable que cette dernière soit bien ancrée, ce qui vous permettra de considérer cette transition sous un autre regard (celui de la nouveauté par exemple, de l'expérience vécue, de la conviction d'une ouverture sur la vie...)

Il va falloir passer ce cap, pour ensuite voir vos nouvelles programmations devenir naturelles.

Considérez qu'il faut compter entre 21 jours et 3 mois (en fonction de l'ancrage et donc de l'impact d'une information ancienne, et de la puissance des associations que vous allez créer) pour obtenir ce résultat.

Il faut savoir que votre système d'information global (corps-mental) fonctionne par associations :

- Information/Émotion
- Information/Image
- Image/Émotion
- Vécu/Sensation
- Environnement/Événement...

Lorsque le cerveau enregistre une information, il mémorise également le contexte dans lequel celle-ci est reçue, le ressenti associé. Ceci à plus forte raison si l'information est répétée, ou bien si elle a un impact émotionnel puissant sur vous.

Fermez les yeux, et représentez-vous un citron bien acide : imaginez que vous en coupez un quartier et mordez dedans à pleines dents : n'allez-vous pas immédiatement ressentir les sensations que vous auriez si vous aviez vraiment goûté à ce fruit?

Nous sommes en fin de matinée, vous commencez à avoir faim...

Fermez les yeux et représentez-vous mentalement votre plat préféré : n'allez-vous pas commencer à saliver? Peut-être même parviendrez-vous à avoir la sensation d'en sentir l'odeur!

L'image a réactivé la mémoire du sensitif qui lui est associé.

Essayez maintenant de vous souvenir de l'endroit où vous vous trouviez, ce que vous faisiez au moment où vous avez appris la terrible nouvelle des attentats de Paris le vendredi 13 Novembre 2015 : cela devrait vous revenir facilement, pour ne pas dire immédiatement!

*Si je vous demande de faire de même pour le 21 septembre, le 3 février, le 19 aout, ou n'importe quel autre jour de l'année **qui n'aurait pour vous aucune connotation émotionnelle**, vous constaterez que vous n'en avez plus aucune idée.*

Lorsqu'une connotation (émotionnelle, sensitive...) est associée à un environnement, un événement, un objet, à une personne, il suffit de réactiver volontairement l'un pour que l'information qui lui est associée soit réactivée simultanément.
C'est en utilisant ce mécanisme neuroscientifique qu'il nous est possible de créer volontairement et consciemment de nouvelles associations qui nous permettront de modifier nos croyances, par conséquent nos états d'esprit et d'être!

*Dans un moment de détente et de relaxation, **visualisez mentalement** une image, une scène plaisante de votre vie future, la façon dont vous voulez qu'un événement se déroule. **Associez un maximum d'éléments à connota-***

tions sensitives : *lumière, son, ambiance, couleurs, sensations, émotions (que nous qualifions, en Programmation Neuro Linguistique, de sous-modalités) à ce moment de «cinéma mental», et* **efforcez-vous de vivre pleinement le moment.**

Vous allez ainsi créer des associations que vous pourrez utiliser pour entretenir et fortifier votre motivation au quotidien, programmer votre mental à fonctionner selon un schéma positif au sujet de votre objectif ou d'une situation donnée.

Pour que votre programmation s'enracine efficacement dans votre subconscient, créant ainsi l'état d'efficacité mentale, physique et par conséquent vibratoire, **il vous faudra répéter cette séquence, vous repasser ce film, plusieurs fois par jour, et ceci dans la régularité :**
Il est conseillé de vous octroyer ce moment **au minimum deux fois par jour :** *au lever, lorsque vous êtes détendu et en état intermédiaire entre la veille et le sommeil, et au coucher, après vous être détendu par une petite séance de relaxation simple.*

Vous trouverez dans «Votre cerveau peut changer votre vie» des exercices efficaces, en vue de vous aider à devenir une personne positive, motivée, capable de mettre au service de ses projets et intentions toutes les forces de son mental et de la nature, et d'attirer à elle les circonstances favorables, les événements et rencontres décisifs.

QU'EST-CE QUE L'ETAT MENTAL EFFICACE?

Encore une fois, ne vous méprenez pas, il s'agit ici de faire une distinction et d'apporter quelques précisions concernant l'état mental dit «positif» duquel vous entendrez ou avez maintes fois entendu parler.

*La majorité des auteurs, conférenciers, et même consultants en développement personnel, intimement liés aux concepts de la mouvance New Age et/ou commerciale revendiquent une sorte d'état d'esprit de «**positive attitude absolue**». En d'autre termes, il s'agit de faire taire tout esprit critique, et par exemple, même lorsque tout va mal, affirmer que tout va pour le mieux dans le meilleur des mondes!*

Se le répéter, s'en convaincre à force d'autosuggestion, est la base de ces techniques de programmation mentale.

L'expérience prouve cependant que cette conception est inefficace, voire perturbante.

Avez-vous déjà essayé de vous convaincre que vous êtes riche à millions si votre relevé bancaire et le dossier de factures impayées sur votre bureau qui ne manque pas de perturber votre sommeil vous dit exactement le contraire? Ou encore que vous respirez la santé si vous êtes perclus(e) de douleurs ou souffrez d'une pathologie lourde qui empoisonne votre vie chaque jour?

*Même s'il s'avère que la visualisation mentale est beaucoup plus efficace que ce type d'affirmations répétées en matière de programmation par l'autosuggestion consciente, le fait est que **votre cerveau pensant ne peut pas accepter d'emblée des croyances aussi éloignées de la réalité sans réagir et jouer le rôle de censeur :** ainsi, il ne permettra pas à ces croyances de pénétrer dans votre subconscient, et votre programmation ne s'opèrera pas!*

De même, vous répéter que tout va bien lorsqu'un problème ou un obstacle se présente peut, sur le long terme, endormir toute capacité de réflexion, tout recul, tout appel à l'intelligence, et au final, vous entraîner vers une totale désillusion, voire même vous conduire au-devant de problèmes plus sérieux encore!

En niant les problèmes, vous laissez en quelque sorte votre pouvoir de réflexion et d'action à «une force magique», dont on vous convainc qu'elle n'attend qu'à vous servir et obéir à vos moindres désirs, voire à vos ordres. Une sorte de génie d'Aladin, un univers intelligent, etc...

Si vous êtes croyant, que vous êtes convaincu de l'existence d'un Esprit supérieur, d'un Dieu (même s'il semble être devenu tabou de prononcer ce mot !), convenez que lui donner le rôle essentiel de satisfaire vos moindres exigences sans que vous n'ayez à lever le petit doigt reviendrait (en tant qu'autorité supérieure) à le comparer à un père dont le rôle serait de satisfaire tous les caprices de ses enfants sans que ceux-ci n'aient le moindre effort à faire : est-ce vraiment un reflet de l'Amour (qui consiste à désirer le bien de l'autre), que de renforcer dans l'esprit de l'enfant que le bonheur se limite à la satisfaction de plaisirs immédiats, sans stratégie visant au vrai développement de ses capacités, garant de satisfactions durables et d'évolution de l'être?

Si vous n'êtes pas croyant, cette considération en revanche ne vous sera d'aucun secours.

Non, sérieusement, la loi de résonance ne fonctionne pas ainsi.

Vos convictions spirituelles **peuvent vous aider à la rendre plus efficace,** mais vous ne devez pas non plus jouer à l'autruche!

Vous recevez une facture, n'allez pas vous imaginer qu'il vous suffira de visualiser et de rester dans votre fauteuil le reste du temps pour que cette facture se retrouve payée comme par miracle!

Ou que quelqu'un va sonner à votre porte et vous apporter la voiture de vos rêves!

Mais nous reparlerons de tout cela un peu plus tard.

Pour le moment, nous abordons l'état d'esprit positif, ce qu'il est vraiment, et ce qu'il n'est certainement pas.

Il ne s'agit en aucun cas, nous l'avons vu, de se voiler la face devant une difficulté, de se convaincre qu'elle n'existe pas ou qu'elle va se résoudre toute seule.

Il ne s'agit pas non plus de sombrer dans le découragement, la mauvaise humeur, de vous laisser affecter outre-mesure par ce problème.

Il s'agit d'avoir une attitude positive mais saine.

Vous devez prendre la difficulté en considération, mais garder à l'esprit que s'il existe un problème, il existe aussi une (des) solution (s).

L'état positif requis pour activer la loi de résonance consiste en un état optimiste, combatif et déterminé, qui ne vous est pas nécessairement familier et qu'il va sans doute falloir cultiver.

Comment?

Si vous vous observez attentivement (attitudes, pensées, réactions à tel ou tel événement ou à une information, humeur, façon de vous tenir etc...) vous allez peut-être vous apercevoir que vous êtes une personne plutôt pessimiste, résignée, qui subissez la vie sans mot dire mais plutôt tristement et de façon désabusée, ou bien en rouspétant contre vents et marées, en vous positionnant en victime des autres, des circonstances, et ruminant fréquemment sur tout ce qui vous préoccupe ou vous contrarie, en mettant l'accent sur les aspect dérangeants de la vie.

Faites-le : observez-vous une journée, une semaine, et soyez honnête envers vous-même!

Notez tout ce que vous observerez et déduisez en votre profil.

Voici quelques questions que vous pouvez vous poser :

- Avez-vous, envers la vie, une dominante d'attitudes positives ou négatives?

Etes-vous encore capable d'en apprécier les moments heureux, les instants de plaisir même éphémères, ou passez-vous votre temps à penser à ce que vous n'avez pas ou ne voulez pas ou plus dans votre existence, plutôt que de considérer la chance que vous avez d'avoir ceci ou cela (un conjoint, des enfants, des moments de joie, des occasions de rire, de sourire, de belles journées, un bon moment passé à lire, à regarder un bon film, des souvenirs de vacances, une promenade ou une activité agréable, un logement chaud, etc...)

- *Avez-vous tendance à vous plaindre fréquemment, facilement, à rouspéter par automatisme, à vous positionner en victime (accusant les circonstances, les autres)?*

- *Passez-vous le plus clair de votre temps à focaliser sur ce qui vous manque, ce qui vous déplaît dans une situation ou chez une personne, ou ce qui risque de ne pas se passer comme vous le souhaiteriez?*

- *Lorsque vous rencontrez une personne, avez-vous tendance à considérer tous ses aspects plaisants, ses qualités, ou au contraire votre premier réflexe est-il de rechercher ses défauts?*

On vous propose une activité imprévue (sortie, invitation, déplacement...) : êtes-vous de ceux qui s'en réjouissent comme d'un bon moyen de casser la routine, ou bien cela a-t-il tendance à vous perturber parce que vous n'avez pas eu le temps de prévoir ce que vous alliez porter, que vous aviez prévu de passer une soirée télé?

- *Capitulez-vous très facilement devant une difficulté ou un contretemps, ou êtes-vous plutôt de ceux qui redoublent de persévérance pour venir à bout de l'obstacle d'une façon ou d'une autre?*

- *Auriez-vous plutôt tendance à dire que la vie est un formidable champ d'expériences agréables et d'opportunités, ou qu'elle se résume d'avantage à une longue suite de problèmes et de désillusions?*

- *Vous considérez-vous comme une personne qui a ses qualités et ses défauts, mais qui a tout autant de valeur qu'une autre et du potentiel pour certaines choses, ou au contraire vous voyez-vous comme quelqu'un de plutôt nul, inintéressant?*

- Vous considérez-vous plutôt chanceux(se), malchanceux(se) ou dans la norme?

- Pensez-vous être de ceux qui voient d'emblée un verre à moitié vide plutôt qu'à moitié plein?

Si vous avez déduit de toutes ces considérations que vous étiez, à ce jour, quelqu'un de plutôt négatif, pessimiste, plaignant ou entretenez une position d'éternelle victime, **une des premières démarches à entreprendre pour devenir une personne positive, au sens où nous l'avons défini, va être de changer votre regard sur la vie.... Et sur vous-même!**

Car en pensant et en vous comportant de cette façon, comprenez que votre cerveau est programmé à renforcer cet état, ces connexions neuronales, cette programmation subconsciente, et comme je l'exposais dans «Votre cerveau peut changer votre vie», **l'inconscient dirige plus de 90% de vos perceptions et comportements quotidiens.**

Vous avez été programmé, tout au long de votre vécu, des informations que vous avez reçues, de vos expériences propres et de celles de votre environnement humain, à penser, percevoir et vous comporter de cette manière.

En se renforçant par la répétition, ces comportements sont devenus des automatismes. *Vous avez également acquis bon nombre de ce que l'on appelle communément des* **croyances limitantes,** *c'est-à-dire des pensées et conclusions souvent hâtives et inconscientes qui auto sabotent toutes vos entreprises, vos tentatives d'amélioration de vos conditions de vie et de bien-être.*

Pour examiner ces croyantes limitantes, demandez-vous par exemple ce qui vous vient à l'esprit lorsque vous pensez à quelque chose que vous aimeriez posséder, réaliser, expérimenter, vivre.

Des pensées comme :   *- Je ne le mérite pas*
                          - Je ne suis pas à la hauteur
                          - Je n'ai aucun talent

- Je suis trop gros(se), trop maigre, trop pauvre etc...
- La chance, c'est pour les autres, pas pour moi, je n'en ai jamais eu
- Je n'y arriverai jamais
- L'argent est malsain, les riches sont malhonnêtes etc...
- J'ai déjà essayé, ça n'a pas fonctionné
- Personne ne m'aime, ne m'aimera car ci... ou ça...

Ces pensées sont les croyances limitantes, c'est-à-dire les considérations qui vous empêchent de croire en vos projets, désirs, aspirations, et d'aller de l'avant. Elles font également en sorte que la loi de résonance fonctionne à contre sens pour vous!

Car il est un fait établi que ce principe agit en accord avec votre état mental dominant (d'où son appellation).

Si vous êtes convaincu de l'échec, la résonance fera en sorte de vous donner raison.

L'information que vous véhiculerez autour de vous, sur le plan physique, psychologique, comportemental mais aussi informationnel et ondulatoire, vous reviendra en écho dans les réponses de votre environnement, qu'il soit humain ou circonstanciel.

Ne soyez donc pas étonné(e), avec un tel état d'esprit et autant de croyances limitantes (qui renforcent justement votre état mental jour après jour, associées à la frustration, au sentiment d'injustice ou de victimisation) que vous ayez le sentiment dominant de n'avoir pas de chance, que rien ne marche comme vous le souhaiteriez!

C'est tout simplement logique.

A l'inverse, des études poussées ont été faites auprès des personnes qui estimaient avoir de la chance : leur ouverture d'esprit, leur confiance en eux et en la possibilité d'un succès, leur combativité, leur aptitude à apprécier chacun des bons moments de la vie, à préférer voir le verre à moitié plein plutôt qu'à moitié vide, leur attirait les circonstances favorables, les personnes opportunes, les aidait à se trouver au bon moment au bon endroit, développait leur capacité de percevoir et saisir les opportunités.

Ceci n'est pas du hasard, mais relève de ce que l'on nomme des **synchronicités.**

En d'autres termes, il s'agit des effets de la résonance à votre état mental dominant, qui va dans votre sens et dans celui de ce sur quoi vous focalisez le plus votre attention.

Il est par conséquent évident que, si vous focalisez vos pensées sur ce que vous ne voulez pas, c'est exactement ce que vous finirez par attirer vers vous!

Votre cerveau ne comprend pas la négation.

Si je vous dis : «Ne pensez PAS à un éléphant rose», que va-t-il se passer? Vous allez automatiquement voir un éléphant rose dans votre tête!

Faites également très attention lorsque vous vous dites certaines choses à vous-même, lorsque vous utilisez certaines tournures dans vos discours.

Je ne suis pas très convaincue par la méthode des affirmations répétées : **elle est plus difficile à mettre en œuvre qu'il n'y paraît, en raison de ses subtilités dans la répercussion des mots sur vos ressentis.** *Même s'il est bien mieux pour votre programmation mentale de dire : «Je suis en meilleure santé chaque jour» plutôt que «Je ne suis plus malade» (puisque votre cerveau ne va enregistrer dans ce dernier cas que le mot «malade»), pour bon nombre de personnes ce n'est pas suffisant et* **provoque même parfois l'effet contraire.**

En effet, en entendant le mot «santé», votre cerveau peut activer, par association, l'évocation du fait que vous n'êtes <u>justement pas</u> en santé à cet instant, ou que celle-ci vous préoccupe.

Chez certaines personnes en effet, et en fonction du contexte, un mot en apparence positive peut immédiatement rappeler en tête le mot contraire. C'est le cas, par exemple, des personnes particulièrement anxieuses, de celles qui écoutent continuellement des émissions dites sur la santé et où l'on ne parle en réalité que de maladies (association immédiate)...

Si vous utilisez la méthode des affirmations répétées, il est indispensable que vous choisissiez judicieusement votre formulation, en étant très attentif à ce que celle-ci évoque ou provoque en vous lorsque vous la prononcez. Vous devez vous sentir bien, serein, en prononçant vos affirmations, et les mots utilisés doivent avoir pour vous une résonance entièrement positive.
Utilisez uniquement des formulations que votre cerveau pensant peut accepter sans bloquer et/ou que vous pouvez prononcer sans impression de malaise ou de ressenti perturbé voire négatif. Vos Affirmations doivent toujours être positives, progressives, et vous procurer une sensation de confiance.

Pourquoi progressives ?

Si, par exemple, vous êtes dans une situation financière préoccupante, et que vous souhaitez vous programmer en vue d'une situation meilleure et plus sécurisante, ne dites pas, comme nous l'avons vu précédemment : «Je suis riche à millions», car vous créeriez une dissonance intérieure entre ce que vous dites et ce que vous pensez réellement. **La différence entre les deux états est trop flagrante!**

Votre cerveau analytique va réagir immédiatement, et contrer l'enregistrement de cette donnée dans votre subconscient. De fait, prononcer cette phrase aura pour effet de ramener votre pensée sur vos conditions actuelles, c'est-à-dire vos difficultés financières : votre cerveau restera focalisé sur cette information. Le résultat est que vous provoquerez exactement le contraire de ce que vous cherchiez à vous suggérer : vous maintiendrez la situation de manque en demeurant sur sa fréquence.

Dites plutôt dans ce cas : «Ma situation financière s'améliore de jour en jour : j'ai confiance, je sais qu'une solution existe pour moi et qu'elle est proche». Votre cerveau sera capable d'accepter cette résolution **progressive** *de votre problème et enregistrera l'information sans faire de «barrage».*

REPROGRAMMER VOTRE SYSTEME MENTAL/CORPS

Il existe pour ce faire différentes méthodes et attitudes.
Nous allons les revoir ici en détail.

A/ Tout d'abord : DECIDEZ!

Lorsque vous avez fait le constat que vous êtes plutôt programmé négativement, que votre mental est envahi de croyances limitantes, demandez-vous si cela vous est profitable en quoi que ce soit.

Il est bien évident que non!

Passer vos journées à penser à tout ce qui vous préoccupe, vous énerve, vous dérange, ce dont vous ne voulez pas ou plus dans votre vie, à rouspéter et tempêter contre tout, à la moindre occasion, ne vous aidera certainement pas à sortir de votre état et de votre situation, mais bien au contraire détruira votre énergie vitale, votre motivation, votre inspiration et vous attirera sans cesse plus de circonstances de continuer dans cette voie!

Vous n'avez donc aucun intérêt à y persister.

Ce constat vous aidera à **réagir,** *et à décider que* **vous ne voulez plus** *être cette personne négative,* **que vous voulez changer et voir votre vie changer par voie de conséquence!**

Un état de crise, de ras le bol total, de sensation de toucher le fond ou d'être à bout est parfois nécessaire à certaines personnes pour «sortir mentalement» de leur système programmé et le regarder avec du recul, mais aussi pour trouver la force de prendre des décisions radicales : N'attendez pas d'en arriver là.

Si déjà vous vous sentez mal dans votre vie telle que vous la vivez aujourd'hui, que vous ressentez quelque vide, frustration, réagissez et décidez!

Prenez un engagement envers vous-même, envers votre vie!

Une décision est quelque chose d'enraciné, de solide : la force de celle-ci sera ce qui vous soutiendra tout au long de votre processus de changement et de reprogrammation, car nous l'avons vu au début de ce guide, rien ne se fait en une seconde, par magie.

Il va falloir laisser le temps nécessaire à votre cerveau pour modifier ses informations, à votre état d'être de changer, à la loi de résonance d'adapter le courant de ses réponses à votre nouvelle attitude et à votre nouvel état vibratoire.

Lorsqu'un bateau file à toute allure dans une direction et que tout à coup vous décidez d'aller dans la direction opposée, vous devez inverser les moteurs. Mais vous constaterez que, en fonction de votre vitesse, durant un laps de temps avant que le bateau ne commence à reculer, il continuera à avancer en ralentissant. La force que vous aviez mise dans la première direction continue brièvement de vous entraîner avant de cesser sa résistance à la force inverse qui prend enfin le dessus.

C'est à cet instant, comme je l'ai exposé en tout début de ce guide, qu'il faut persévérer et ne surtout pas considérer cela comme un échec : c'est un processus normal, il faut un temps d'adaptation et de consolidation à tout changement.

Votre travail finira par porter ses fruits, votre reprogrammation se fera de façon durable et se renforcera.

La loi de résonance répondra en conséquence et votre vie s'en trouvera transformée jour après jour.

B/ Ouvrez votre champ d'expérimentation et d'information

Cessez de faire, de dire tous les jours les mêmes choses et de la même façon!

Ouvrez votre esprit et votre champ d'expérimentation, en laissant dans votre routine une place pour l'imprévu, l'improvisation. Faites des expériences différentes, essayez-vous à des activités, prenez le temps d'une balade en forêt, dans la nature, visitez des endroits inhabituels, informez-vous, explo-

rez des sujets divers, rencontrez des personnes, souriez dans la rue, accordez-vous du temps pour vous si jusqu'ici vous vous l'interdisiez!

En résumé, élargissez vos champs de vision, de contact, d'informations, de sensations.

Faites les choses habituelles d'une façon différente, modifiez vos routines quand elles peuvent l'être sans préjudice, prenez un autre chemin pour vous rendre au travail, changez vos meubles de place, changez de magasins de temps à autre, osez porter une tenue qui vous plaît mais que vous n'auriez pas osé porter en temps normal, organisez une petite célébration sans raison particulière, essayez de répandre du positif autour de vous... ou tout ce qui pourra vous venir en tête.

Ce faisant, vous allez créer de nouvelles connexions expérience/sensation/information qui modifieront progressivement votre fonctionnement cérébral, et de là votre fonctionnement corporel.

Le corps, en effet, par le lien étroit qu'il entretient avec le subconscient, «pense» trop souvent à votre place, dirige vos actions et vos émotions de façon automatique, et selon l'état physique ou d'humeur dans lequel vous êtes, il influence jusqu'à vos pensées du moment, qui a leur tour vont renforcer cet état d'être, et cela devient un cercle vicieux (ou vertueux si votre état se trouve être positif).

Vous comprendrez donc l'enjeu de casser avec ce programme de fonctionnement qui est devenu le vôtre au fil des années, des expériences, des informations qui vous sont parvenues.

Votre programme interne vous a fait perdre le contact avec votre moi profond, votre véritable moi (qui n'est donc pas celui que vous pensiez), et c'est en utilisant cette incroyable capacité qu'à votre système corps-mental à se reprogrammer par le biais des connexions neurochimiques que vous allez pouvoir devenir la personne positive que vous aspirez à révéler.

C/ Programmez de nouvelles croyances créatrices et positives

Il existe pour ce faire différentes méthodes, que vous pouvez coupler à loisir.

Mais quelle que soit la méthode utilisée, il est indispensable que vous la pratiquiez en état de détente, de tranquillité. *Faites en sorte de ne pas être dérangé(e), coupez la sonnerie de votre téléphone : vous n'êtes là pour personne. Choisissez un endroit où vous vous sentez bien, toujours le même si vous pouvez. Pratiquez confortablement assis(e) ou allongé(e).*

1/ Procédez d'abord à une petite séance de relaxation :

Personnellement, je préfère de loin la position allongée pour cette séance, qui présente l'avantage du soutien dorsal sur toute la longueur de votre corps : ainsi, vous pouvez laisser aller vos membres sans aucune micro-réaction inconsciente de rétention, votre tête reste dans l'alignement du corps, et la position rectiligne présente l'avantage de laisser libre cours à l'harmonisation du flux de l'énergie vitale.

Cette méthode de relaxation est issue de la technique du «training autogène» du Docteur Schultz, qui vise essentiellement à la gestion du stress et de l'anxiété. Je ne vous donnerai pas ici le protocole du déroulement d'une séance complète (cette méthode est accessible sur la toile, et nous en reparlerons, entre autres, dans un prochain guide pratique consacré justement à la gestion du stress et des émotions).

Néanmoins, les bases de cette méthode, couplée à la respiration abdominale et lente permettent d'obtenir un état de relaxation suffisant pour entamer votre programmation.

La respiration abdominale ou primitive est la respiration de vos premiers instants de vie. *Elle consiste d'abord à vider ses poumons par le haut de la cage thoracique en descendant vers le bas, puis à dégonfler l'abdomen pour permettre une évacuation plus complète de l'air résiduel.*

- Commencez ensuite à respirer en gonflant premièrement votre ventre, puis laissez l'air remplir votre cage thoracique.

- *Prenez votre temps, respirez lentement (mais toujours confortablement, sans vous crisper ni forcer!), et expirez ensuite lentement en suivant le chemin inverse (dégonfler le ventre en dernier). Vous pouvez marquer une pause de 3-4 secondes avant d'expirer, de même avant d'inspirer à nouveau.*

Vous ferez 4 ou 5 respirations abdominales.

Ensuite, adoptez une respiration calme et lente, profonde sans forcer.
Commencez par prendre conscience de vos pieds et de vos jambes, et de leurs sensations.

- *Mentalement, suggérez-vous que vos jambes sont de plus en plus pesantes et relâchez toutes les tensions dans ces membres.*

Vous passerez à votre bassin lorsque vous sentirez vos jambes, du pied à la cuisse, parfaitement relâchés, alourdis puisque sans résistance.

Faites de même avec votre bassin, votre dos, vos bras, vos épaules, votre nuque, votre tête.

- *Lorsque vous aurez la sensation que votre corps entier pèse sans résistance sur son soutien (matelas...), concentrez-vous sur votre respiration et votre ressenti.*

Durant l'expiration, prononcez (ou dites mentalement) : «Je suis très calme», «Je suis parfaitement détendu», «Mon énergie vitale circule librement», «Mon corps et mon esprit sont en parfaite harmonie» «Je suis calme, détendu, je me sens bien».

Poursuivez ensuite une respiration normale, calme, sans effort.

Remarque : *Pourquoi est-il indispensable de pratiquer cette séance de relaxation avant toute programmation?*

La relaxation apaise non seulement votre corps mais votre mental.

*- En vous concentrant sur vos sensations corporelles, vous allez **calmer le flux des pensées** dites «parasites» qui ne cessent de vous assaillir sitôt que vous tentez de faire le silence en vous et autour de vous, et même souvent lorsque vous êtes actifs, mais que votre esprit n'est pas concentré sur ce que vous faites à ce moment.*

*- Vos **ondes cérébrales vont se modifier** pour atteindre l'état de flottement dit «Alpha» : Cet état est le plus propice à l'information pour pénétrer votre subconscient, et dans vos séances de visualisation (ou cinéma mental), vous pourrez vous laissez aller plus profondément à vivre chacune des sensations, des émotions liées à la scène ou à l'image que vous allez projeter sur l'écran de votre esprit : de fait, votre système corps-mental fonctionnera en parfaite adéquation et votre cerveau enregistrera les nouvelles données en créant et renforçant, au fil des séances, les nouvelles connexions.*

Si des pensées parasites vous assaillent, ne cherchez pas à les contrer : elles reviendraient en force (comme expliqué précédemment, vous leur donnez du pouvoir en leur accordant votre attention, fusse pour les combattre). Laissez les plutôt glisser, et ramenez doucement votre attention sur vos sensations corporelles. Progressivement, elles finiront par se raréfier au fur et à mesure que vous vous détendrez et vous recentrerez.

2/ Visualisation ou cinéma mental :

Nous avions commencé à évoquer le sujet au début de ce guide, le but recherché est de programmer votre mental par l'association images/sensations/émotions de manière à vous conditionner à l'obtention du résultat souhaité. De cette façon, vous amorcerez également la Loi de Résonance, en modifiant votre champ d'information propre et votre niveau vibratoire.

Lorsque vous aurez achevé votre séance de relaxation, fermez les yeux si ce n'est déjà fait, et représentez-vous mentalement votre problème résolu, ou votre objectif atteint. Imaginez un court scénario symbolique aux répercussions émotionnelles positives et puissantes pour vous.

Voyez, par exemple, les personnes qui vous sont le plus chère vous féliciter, une personne importante dans votre contexte vous annoncer une bonne nouvelle, visualisez le déroulement positif d'un entretien, d'une épreuve sportive, d'un examen, voyez-vous vous-même comme vous aimeriez être à l'instant, imaginez que vous recevez un chèque d'un montant qui vous manque ou que vous souhaitez pour réaliser tel ou tel projet, etc...

*Comme nous l'avons vu, lorsque vous visualisez, il est essentiel de mettre dans votre film le maximum de sous-modalités qui vous permettront de vous plonger plus pleinement dans l'action et d'en ressentir **un maximum de sensations et d'émotions.***

Ce sont elles qui permettront à votre cerveau d'enregistrer l'information.

Ajoutez donc du son, une ambiance, jouez sur la lumière : vous êtes le cinéaste, et tout vous est possible!

Y compris de vous représenter un interlocuteur un peu impressionnant en une personne tout à fait inoffensive, en réduisant sa taille par exemple, par rapport à la vôtre, en lui ajoutant un élément quelque peu amusant ou ridicule (tenue, voix, comportement etc...), ou de grandir, encadrer, entourer de lumière, d'un hymne de victoire, d'applaudissements, un élément particulièrement important et positif pour vous, un succès, un gain, etc...

Vous pouvez également imaginer une simple image fixe, qui symboliserait pour vous le but atteint, ou un symbole qui a pour vous une forte connotation, en relation avec votre objectif.

Vous pouvez alterner deux de ces techniques (cinéma, image ou symbole) sur la journée, mais pour que vos visualisations soient efficaces, répétez les chaque jour, au moins deux fois par jour, après votre petite séance de détente.

Visualisez au moins 5 minutes, plus si vous le pouvez, mais pas plus de 10 minutes.

Vous n'y parviendrez peut-être pas tout de suite, mais avec la pratique, les choses s'amélioreront rapidement. Certaines personnes parviennent à «voir», littéralement, la scène ou l'image sous leurs yeux comme sur un écran mental, mais ne vous inquiétez pas si vous n'y parvenez pas (c'est le cas de la majorité des gens) : imaginez, simplement, comme lorsque vous revivez mentalement un souvenir. **Ceci est tout aussi efficace.**

Il existe des techniques pour s'habituer à «voir», comme par exemple commencer par tenter de visualiser une couleur, puis une autre, mais vraiment, ceci n'est pas indispensable à la bonne marche de votre processus.

Vous devez par contre ressentir un état de bien-être, agréable et positif, prendre plaisir à vos moments de visualisation, et pratiquer avec régularité.

Lorsque vous aurez terminé votre séance, laissez-vous revenir doucement à la réalité, ne brusquez rien (pas de sonnerie programmée pour ne pas être en retard ci ou là), ou bien laissez-vous glisser dans le sommeil, si vous choisissez de faire votre visualisation avant de vous endormir (attention, essayez cependant de ne pas vous endormir pendant la séance).

3/ Ecrivez!

L'écriture est un processus qui met en action plusieurs zones cérébrales impliquées dans l'apprentissage et la mémorisation. Votre cerveau coordonne la vue, la mémoire, le mouvement, le langage, synchronisant ces processus sur une même information. Votre mémoire implicite (à long terme) sera donc sollicitée, et votre subconscient enregistrera plus rapidement l'information.

Prenez soin d'écrire vos souhaits et objectifs, relisez-les, réécrivez-les plusieurs fois, avec des couleurs qui résonnent avec vous et évoquent pour vous un sentiment de confiance et de succès. (N'oubliez pas de vous fier à votre GPS interne, qui vous indique si les mots ou les couleurs choisis ont en vous une résonance positive, créent un état de bien être : c'est d'autant plus important que votre subconscient enregistrera cette sensation en même temps que l'information écrite!). Comme vous le savez, l'efficacité de la réponse de la loi de résonance ou d'attraction dépend de la façon dont vous vibrez par rapport à une information donnée, donc des sensations et émo-

tions liées à cette information : d'où le rôle, encore une fois primordial, des croyances!

4/ Retour à vos occupations et lâcher-prise

Une fois revenu(e) à vos occupations, ne remettez pas en question votre problème/objectif/souhait. **Ne doutez pas, mais partez gagnant(e)!** Laissez l'information faire son chemin en vous et dans votre environnement.

Lorsqu'un jardinier sème une graine, il va prendre soin de l'arroser chaque jour mais il ne lui viendrait pas à l'idée de la déterrer matin et soir pour voir si elle a poussé! Non, il met en œuvre tout ce qui est de son ressort pour qu'elle germe et se développe dans les meilleures conditions, et fait confiance aux lois de la nature. **C'est ce que l'on appelle le lâcher-prise.**

Vous pouvez cependant, et dans les conditions précisées précédemment, employer également des affirmations en cours de journée, durant vos occupations habituelles. Selon que vous vous trouvez seul ou en public, prononcez vos formulations mentalement, à haute voix, en chantant si le cœur vous en dit!

En conclusion : si vous

- Décidez de changer, de vous rapprocher de vos véritables aspirations et potentiels, si vous savez ce que vous voulez vraiment, et non uniquement ce dont vous ne voulez pas.
- Cassez votre programme interne en cessant de faire chaque jour les mêmes choses.
- Identifiez vos croyances limitantes et travaillez à les remplacer par des croyances motivantes et créatrices.
- Pratiquez avec constance et régularité les techniques de reprogrammation du subconscient.
- Reprenez contact avec votre vrai moi (non formaté) par le biais de l'introspection, de la pratique du silence et de la méditation.

Vous êtes en bonne voie pour devenir une personne véritablement positive, et activer de nouvelles réponses de la loi de Résonance.

COMMENT SE FIXER UN OBJECTIF

Vous avez déjà un projet? Un objectif à atteindre?
Super! Vous pouvez passer directement à la pratique!

Mais pour ceux et celles qui ont simplement une perception urgente de la nécessité d'amener du changement, sans vraiment savoir quels projets cibler, voici quelques conseils :

1/ Votre projet doit vous enthousiasmer:
*Par exemple, ne choisissez pas une reconversion professionnelle **uniquement** parce que votre métier actuel vous déplaît **et** en procédant par élimination de toutes les possibilités de carrière qui ne vous attirent pas. Vous devez ressentir un véritable enthousiasme pour le métier visé, pour la création de votre activité, pour le choix d'une activité de loisir, d'un lieu de domiciliation...*

2/ Votre projet doit absolument vous appartenir :
Vous ne choisirez pas une profession, une relation, un lieu de vie ou autre parce que vous pensez que votre choix correspond à ce que vos proches ou la société attendent de vous. Votre projet doit-être en conformité avec vos aspirations et vos compétences personnelles.

3/ Votre projet doit-être réaliste :
Je ne dis pas qu'il ne doit pas être «osé», ni que votre rêve doit rester petit! Simplement, assurez-vous qu'il reste en accord avec vos capacités, que le temps estimé pour l'atteindre est en conformité avec vos nécessités, que vous puissiez acquérir les compétences requises... il ne s'agit pas de vous mettre dans une situation plus difficile encore que celle que vous voulez transformer.

4/ Votre projet doit être en accord avec vos valeurs :
Vous ne ferez pas le choix de quelque chose qui vous contraindrait à un moment où à un autre à aller à l'encontre d'une ou plusieurs de vos valeurs fondamentales, familiales, éthiques, sociales... Avant de vous lancer, étudiez et mesurez soigneusement le ou les impacts qu'auront la réalisation de ce projet sur vos valeurs et les autres aspects de votre vie.

5/Si vous n'avez pas d'idée au départ, par exemple sur le choix d'un métier ou d'une reconversion professionnelle, essayez de lister sur un papier tout ce que vous faites le mieux. Ensuite, soulignez ou entourez dans cette liste tout ce que vous éprouvez un véritable plaisir à faire. Ceci vous orientera dans votre choix, en rapprochant vos aptitudes et talents naturels d'une liste de carrières où vous auriez l'opportunité de les exercer. Ne vous bloquez pas sur le fait de devoir acquérir des compétences complémentaires ou spécifiques : ceci sera probablement un passage obligé!

6/La considération du genre de personnes que vous admirez dans un domaine peut aussi vous aider à vous orienter...

7/Ne cherchez pas **primordialement** à exercer une activité ou à effectuer un changement pour la gloire, la fortune, être apprécié des autres etc... **Cherchez d'abord à faire quelque chose que vous aimez, qui vous fait du bien, qui donne du sens à votre vie!** Lorsque l'on fait quelque chose avec passion, enthousiasme, motivation, la réussite est généralement au bout de chemin.

8/ Si vous visez grand, vous découperez ensuite votre projet en étapes intermédiaires. Il s'agira de viser une étape à la fois, tout en gardant bien sûr la perspective du projet global. Chaque étape doit être suffisamment élevée pour exciter votre motivation et vos capacités de développement, mais pas trop pour ne pas vous décourager, générer de l'anxiété ou des doutes qui vous bloqueraient.

9/Si vous démarrez un processus de changement important, que ce soit dans votre vie ou sur vous-même, souvenez-vous qu'il ne s'agit pas de faire des bonds de géant une fois puis de stagner ou de régresser, mais de progresser par petits pas réguliers et persévérants, garants d'un changement durable et du maintien de la motivation.

10/ Efforcez-vous de travailler à maintenir et renforcer votre motivation au quotidien. Nous verrons comment dans le chapitre suivant.

VOUS AVEZ DIT MOTIVATION?

Nous avons vu qu'une décision n'était pas une simple envie de... ou vague intention de... mais un engagement ferme et solide, que vous devez souligner par des actions.

De même, la motivation n'est pas qu'un simple désir, un vague espoir.

Le mot «motiver» du latin «motivus», qui signifie «mobile», et «movere» : «mouvoir».

La motivation est «ce qui met en mouvement», ce qui pousse à agir!

1/ La motivation est le moteur de votre objectif.

Cela implique que si celle-ci est insuffisante, n'est pas entretenue et s'essouffle, vous ne pourrez mener à bien votre projet : vous n'agirez pas, ou à mauvais escient, et/ou vous vous découragerez au premier obstacle.

La motivation est directement liée à l'importance que vous portez à votre objectif. Lorsque vous serez tenté de douter, de relâcher vos efforts ou même d'abandonner, souvenez-vous toujours de pourquoi vous avez entrepris ce projet! Plus votre besoin, votre désir d'atteindre ce but sera grand, plus forte sera celle-ci, et plus l'énergie qui vous pousse à agir sera alimentée.

*Penser fréquemment à son objectif, et ce **toujours d'une façon positive**, a pour effet d'entretenir cette motivation dans le temps. Les exercices de **visualisation** vous y aideront également.*

Vous pouvez voir grand, viser la lune, c'est même très bien, mais prenez soin de découper votre but principal en objectifs intermédiaires (étapes). Ceux-ci doivent être suffisamment élevés pour soutenir votre motivation, mais pas excessivement pour ne pas entraîner manque de confiance ou découragement.

91

Notez que chaque victoire tend à renforcer la confiance, l'enthousiasme et la motivation.

Bien entendu, votre objectif doit être réalisable en accord avec vos valeurs (sociales, éthiques, familiales etc...). Par exemple, vous ne pouvez simultanément rêver d'une carrière qui nécessite de fréquents déplacements à l'étranger, et vouloir passer plus de temps avec votre famille et vos amis. Il vous faudra certainement aussi accepter d'acquérir des compétences, des connaissances, de parfaire celles que vous possédez déjà.

Il sera sans doute nécessaire de faire des sacrifices, d'ordonner des priorités.

Encore une fois, votre niveau de motivation sera déterminant!

Par contre, si quelque chose vous tient vraiment à cœur, sachez que la loi de résonance a aussi pour effet de lever pour vous bon nombre d'obstacles, de découvrir devant vous des raccourcis, des chemins simplifiés, un gain de temps et d'énergie, de placer sur votre route les bonnes personnes, de favoriser le bon moment.
Et plus vous persisterez avec courage, détermination, constance et persévérance, plus vous   obtiendrez d'échos en retour.

2/ Un échec ? Un obstacle ? Pas de panique!

*Il est essentiel que **vous ne vous laissiez pas impressionner** par ce que vous pourriez considérer comme un échec apparent, voire un obstacle qui vous paraîtrait insurmontable.*

__Vous devez persévérer,__ tout en réexaminant la manière dont vous vous y êtes pris : les moyens tentés ne sont peut-être pas adéquats, il manque peut-être quelque chose que vous auriez dû ou pu faire, votre ancien programme interne (négatif, défaitiste, pessimiste etc...) n'est peut-être pas totalement évacué... Est-ce aussi le résultat des échos de votre ancienne programmation qui vous parviennent encore, étant dans une phase de transition et de changement.

Un obstacle ou un échec apparent et momentané ne doivent en aucun cas être considérés comme une fin de non-recevoir (définitif et insurmontable), mais comme une invitation à la persévérance et au renforcement de votre programmation positive.
Par ailleurs, n'oubliez pas qu'en échouant, vous apprenez!

Reconsidérez donc les moyens que vous avez mis en œuvre, analysez les répercussions, voyez si vous pouvez modifier, améliorer certains points.

Il se peut que votre façon d'aborder telle étape ne soit pas tout à fait adaptée. N'hésitez pas à vous remettre en question, mais ne tirez jamais de conclusion hâtive et définitive du style : «je n'y arriverai jamais», «je suis nul(le)», «je n'ai pas de chance».

S'il vous semble que vous avez fait ce qui était en votre pouvoir, et que vous vous trouvez à court d'inspiration, cessez de cherche par vous-même et laissez la loi de résonance vous guider par ses synchronicités en persistant dans votre vision positive du problème résolu.

Pendant quelques jours, dans cette situations, ne faites rien d'autre. **La précipitation et l'impatience sont mauvaises conseillères.**

Renforcez votre confiance en vous en vous remémorant tous les succès déjà obtenus, les étapes franchies, les victoires (petites ou grandes) qui ont jalonné votre parcours de vie, toutes les fois où il vous a semblé avoir de la chance. **Revivez mentalement ces moments en vous imprégnant de toutes les émotions positives que vous avez ressenties.**

Tout le monde, dans son parcours de vie, a eu ses moments de gloire, de réussite, de satisfaction dans un domaine ou un autre. En revivant mentalement ces instants, vous allez raviver dans votre entité corps-mental l'état d'être qui vous a permis d'y parvenir, et celui-ci vous aidera pour la suite.

Durant cette période de latence sur le plan des actions, soyez attentifs aux signes, même discrets, que la résonance à votre état d'être ne manquera pas de vous envoyer en retour.

*Ne vous fixez pas de date **précise** : au niveau de l'information, les choses s'organisent, les connexions se défont et se refont, l'alignement des circonstances et éléments favorables se crée à votre insu... Même si vous avez l'impression de ne pas avancer, vous progressez chaque jour!*

Vous fixer une date trop précise et focaliser sur celle-ci ne ferait que vous stresser : gardez à l'esprit que les choses arrivent toujours en temps opportun.

3/ Ne lâchez rien!

Il a été constaté que beaucoup de personnes abandonnent parce qu'il leur semble durant un temps que la résonance se fait silencieuse et qu'elles ne voient rien progresser...

Avant qu'une plante ne sorte de terre, pouvez-vous voir le murissement de la graine, la germination, la genèse des racines, la préparation de la pousse?

Il est évident que non!

Pourtant, tout s'organise! *La terre, le soleil, l'eau et l'énergie vitale travaillent pour vous, silencieusement.*

Il en va de même pour l'information!

*Dans votre parcours, vous observerez parfois des périodes de latence, rencontrerez des obstacles : si votre motivation est **réelle, enracinée et entretenue,** non seulement ces périodes se débloqueront mais de surcroît vous aurez l'impression que les choses s'enchaînent plus vite!*

Profitez-donc de ces périodes pour mettre à fond en pratique les conseils donnés dans les chapitres précédents. Il est évident que si votre mental est programmé négativement, que vous n'avez pas suffisamment travaillé à identifier vos croyances limitantes en les remplaçant par des croyances créatives et positives, ce sont ces informations nuisibles qui seront dominantes.

4/ Renforcez votre motivation et votre efficacité par l'exemple

Ce que vous souhaitez réaliser, devenir, vivre : la plupart du temps, d'autres l'ont fait avant vous!

Il peut vous être très utile de trouver une ou des personnes ayant parfaitement réussi dans ce domaine, et de vous documenter sur celle(s)-ci :

    - Comment cette personne s'y est-elle prise?
    - Quels étaient ses atouts, les points forts qu'elle a développés, sa façon de vivre, de se comporter, de parler, son état mental, son hygiène de vie, etc...
    - Quels sont les points communs entre ces différentes personnes, si vous en avez choisi plusieurs, qui auraient favorisé leur succès dans cette entreprise?

Observez cette (ou ces) personne(s), essayez de découvrir ce qui a fait leur succès : motivation, enthousiasme, charisme, compétences, communication...

Servez-vous de l'expérience des autres : elle vous fera gagner du temps, de l'énergie et de la confiance, donc de la motivation.

NE DOUTEZ PAS : PARTEZ GAGNANT!

Pourquoi est-il recommandé de ne pas douter lorsque vous poursuivez un but, et qu'est-ce que cela signifie en clair?

Nous avons parlé précédemment du «lâcher-prise».

Concernant la loi de résonance, il s'agit de laisser circuler librement l'information. Votre travail consiste à maintenir le cap, à rester connecté et aligné avec votre objectif.

Pourquoi?

Tout simplement parce qu'à partir du moment où vous vous mettez à douter de sa réalisation, vous cessez d'être sur la «longueur d'onde» qui vous permet d'émettre la bonne information. Ou plus précisément, vous émettez deux informations contradictoires, qui en fait s'annulent si elles sont d'égale intensité : vous ne pourrez donc plus compter sur les synchronicités, et devrez tout miser sur votre seul travail, avec ce que le doute va également compliquer pour cet aspect.

Car le doute affecte également vos actions.

Vous ne serez plus aussi performant(e) ni percutant(e), vous n'oserez plus poser les actions nécessaires, ou si vous le faites, ce sera avec une conviction amoindrie. Vous pourrez manquer des opportunités.

Le doute déstabilise votre motivation.

Partir gagnant n'est pas se mentir ou s'illusionner, mais se donner toutes les chances d'atteindre son objectif. Ne laissez pas non plus l'extérieur affecter votre conviction : combien de célébrités dans le monde du sport, de l'art ou des sciences disparaitraient aujourd'hui du tableau d'honneur si elles avaient écouté leur entourage, et renoncé? Les exemples ne manquent pas!

Croyez en votre projet, faites le nécessaire pour acquérir les compétences manquantes, améliorer votre expertise, renforcer les compétences acquises, et mettez-vous dans la peau de celui ou celle que vous seriez si votre but était déjà atteint.

Devenez dès maintenant cette personne.

L'information que vous émettrez dès ce moment n'en sera que plus précise et l'alignement plus complet.

CONCLUSION

La loi de résonance, dite d'attraction, fonctionne bel et bien : il suffit d'en faire l'expérience par soi-même. Néanmoins, il ne faut pas attendre de ce phénomène qu'il résolve nos soucis à notre place.

La notion de «développement» inclut nécessairement la dimension de l'effort personnel c'est-à-dire du travail. Il est évident que ce qui ne travaille pas s'atrophie : l'eau dormante pourrit, mais l'eau vive s'oxygène, claire et limpide. Il n'était absolument pas dans mon propos de présenter cet outil (ou plutôt ce fait) comme une solution du moindre effort, mais comme une notion qu'il est bon de connaître lorsqu'on décide d'entreprendre une démarche vers la pleine expression de soi ou l'atteinte d'un objectif. Ce n'est pas parce qu'un véhicule possède un moteur et est par conséquent en mesure de faciliter nos déplacements que nous devons en déduire qu'il nous suffit de nous installer et de souhaiter être à tel endroit pour que la voiture fasse tout par elle-même : cela ne viendrait à l'idée de personne!

De la même manière qu'il serait insensé, voire dangereux, de pratiquer la pensée positive telle qu'elle est trop souvent présentée : se voiler la face sur les difficultés n'a jamais fait avancer personne. Au contraire, l'épreuve est souvent le moment opportun pour d'importantes remises en question, pour se recentrer, pour évoluer, voire parfois pour se défaire d'un excès de suffisance, d'orgueil, et se rapprocher des autres, de nous-même, se repositionner.

«Ce qui ne nous détruit pas nous rend plus fort».

Cultiver un état d'être positif, ce n'est donc pas nier la difficulté, mais au contraire la traverser comme faisant partie du parcours, sans la laisser nous submerger, en restant mentalement «orienté solutions».

C'est aussi réapprendre à apprécier chaque bonne chose que la vie nous offre, chaque instant précieux. L'homme, aujourd'hui, est tellement enclin à se plaindre de tout, à préférer jalouser le voisin, regarder du côté de ce qui lui manque et que posséderait autrui. Il se laisse noyer dans l'immense marée de notre société de consommation. Il vit à un rythme effréné, prisonnier de ses habitudes, ses automatismes, les doubles contraintes, l'état d'urgence permanent... Il ne sait plus ce qu'est l'instant présent.

Nous avons reçu le don de merveilleux outils que sont notre libre arbitre, la capacité de notre cerveau à se reprogrammer, à modifier nos gènes, les forces de notre moi profond (âme/esprit), des aptitudes, des talents, (nous en avons tous, au moins dans un domaine en particulier), un **GPS** sensitif bien-être/mal-être, un environnement naturel pourvu de tout ce qui est nécessaire à l'entretien de notre énergie vitale et donc de notre dynamisme, à notre réalisation si nous voulons nous donner la peine d'y travailler...

Servons nous dès maintenant de toutes ces richesses à bon escient et n'ayons pas peur d'amener du changement en nous et autour de nous, dans la mesure où il est créateur de nouvelles voies d'opportunités et d'une ouverture de notre prison robotisée.

Renouons avec nos rêves.

Gardons à l'esprit cependant que le sens de toute existence humaine passe par le don : vous n'avez pas reçu vos talents pour en faire votre profit exclusif, mais pour créer la différence, pour faire bénéficier les autres de votre expertise, pour apporter votre pierre à d'édifice du bien commun. Quelle que soit la réussite dont vous rêvez (il n'y a pas de petite réussite!) souvenez-vous que donner du sens à son existence est certainement la plus importante des considérations pour un bonheur durable, et la quête profonde de tout un chacun.

COVER imaginée et réalisée par :
SHORTGREY WEBDESIGN
contact@shortgrey-webdesign.com

Printed in Great Britain
by Amazon

52050632R00064